Reihe **Brennpunkt: Die Bibel**

Jens Herzer

Ostern. Himmelfahrt. Pfingsten. Weihnachten.

Was wissen wir über die Ursprünge des Christentums?

Evangelische Haupt-Bibelgesellschaft
und von Cansteinsche Bibelanstalt

ISBN 3-7461-0144-1

1. Auflage

Lektorat: Gisela Donath
Gestaltung: Matthias Frach
Produktion:
Druck und Repro Verlag GmbH Erfurt

INHALT

In dem vorliegenden Buch werden die Bibeltexte entsprechend der Lutherbibel Standardausgabe – durchgesehene Ausgabe in neuer Rechtschreibung (1999) – zitiert. Stellen, an denen der Autor eine abweichende Übersetzung bietet, sind mit einem * gekennzeichnet. Zitate aus anderen Quellen wurden ebenfalls der neuen Rechtschreibung angeglichen.

Apg	Apostelgeschichte (NT)
Eph	Epheser, Brief des Paulus an die (NT)
Gal	Galater, Brief des Paulus an die (NT)
Hab	Habakuk, Prophet (AT)
Hes	Hesekiel (Ezechiel), Prophet (AT)
Hos	Hosea, Prophet (AT)
Jer	Jeremia, Prophet (AT)
Jes	Jesaja, Prophet (AT)
Joh	Johannes-Evangelium (NT)
Joel	Joel, Prophet (AT)
1. Kön	1. Buch der Könige (AT)
2. Kön	2. Buch der Könige (AT)
1. Kor	1. Korinther, Brief des Paulus an die (NT)
2. Kor	2. Korinther, Brief des Paulus an die (NT)
Lk	Lukas-Evangelium (NT)
Mi	Micha, Prophet (AT)
Mk	Markus-Evangelium (NT)
Mt	Matthäus-Evangelium (NT)
1. Mose	1. Buch Mose, Genesis (AT)
2. Mose	2. Buch Mose, Exodus (AT)
3. Mose	3. Buch Mose, Levitikus (AT)
4. Mose	4. Buch Mose, Numeri (AT)
5. Mose	5. Buch Mose, Deuteronomium (AT)
1. Petr	Brief des Petrus (NT)
Ps	Psalm(en) (AT)
Röm	Römer, Brief des Paulus an die (NT)
Sach	Sacharja, Prophet (AT)
1. Sam	1. Buch Samuel (AT)
2. Sam	2. Buch Samuel(AT)
1. Thess	1. Thessalonicher, Brief des Paulus an die (NT)
Tit	Titus, Brief des Paulus (NT)
Weish	Weisheit Salomos (Apokryph)

DER SPIEGEL
Nr. 21/24.5.99 · 5,00 DM
ESCHEDE
Protokoll einer vorhersehbaren Katastrophe
2000 JAHRE DANACH
Was bleibt von Jesus Christus?
RUDOLF AUGSTEIN ÜBER DEN MYTHOS, DER DIE WELT PRÄGTE

Warum dieses Buch?

Des vielen Büchermachens ist kein Ende.
Prediger Salomo 12,12

Christentum und Öffentlichkeit

Das Christentum ist eine öffentliche Sache. Freimütiges Reden vor den Augen und Ohren der Menschen ist das grundlegende Charakteristikum christlicher Mission von ihren Anfängen her. »Öffentlichkeitsarbeit« würde man das heute vielleicht nennen. Anliegen solcher freimütiger Proklamation des Evangeliums ist es, den Menschen einen Weg zum Verstehen ihres Lebens zu weisen, ihnen zu helfen, ihr Leben zu sehen, wie sie es noch nie gewagt haben.

Doch diese Öffentlichkeit des Christentums war immer zugleich Anliegen und Problem. Von freimütigem Reden geht eine Provokation aus – und eben diese kann positiv und negativ aufgefasst werden. Wer immer es schwer hatte, aufdringliche «Missionare« von seiner Haustür abzuweisen, wird hier durchaus negativ urteilen. Wer hingegen in den Zeiten der »Wende« kritische Predigten in den Kirchen gehört hat, weiß hoffentlich zu schätzen, was christlicher Freimut bewirken kann. Öffentliches Reden von dem, was das Christentum ausmacht, hat stets zwei Seiten: Einerseits kann der Weg des Glaubens neue Hoffnung auf Lebensmöglichkeiten eröffnen, andererseits stellt er jeden Lebensentwurf auch infrage. Vor allem aber werden durch die Inhalte der christlichen Verkündigung alle lebensbedrohenden Ideologie- und Machtstrukturen zutiefst kritisiert. Davon sind kirchliche Institutionen in Geschichte und Gegenwart nicht ausgenommen. Der Grund solcher Herausforderungen ist eine Person, ein jüdischer Prophet namens Jesus von Nazareth. Seine öffentliche, sozial- und religionskritische Lehre von Gottes Nähe zu den Menschen und sein öffentliches Schicksal waren prägend für die Entstehung des christlichen »Weges«. Und ebenso öffentlich hat man ihn von Anfang an proklamiert.

Probleme mit der Institution

Angesichts dieser wesensgemäßen Öffentlichkeit des Christentums ist die Situation von Kirche und Theologie in unserer Zeit, kurz vor Beginn des 3. Jahrtausends christlicher Zeitrechnung, geradezu erschreckend. Viele Menschen in unserem Land wissen weder mit den Kirchen, noch mit der Theologie oder ganz allgemein mit dem Christentum etwas Rechtes anzufangen. Die Gründe dafür sind vielfältig und werden immer wieder einmal analysiert, ohne dass wirklich erkennbare Schlussfolgerungen gezogen würden. Eine Schwierigkeit mag darin bestehen, dass die vielfältigen Probleme, die die Menschen mit dem Christentum haben, zu schweigen von seinen Differenzierungen in verschiedene Kirchen und Konfessionen, nicht auf einen gemeinsamen Nenner zu bringen sind. Wer könnte nicht verstehen, dass schlechte Erfahrungen mit »der Institution Kirche« Vorurteile hervorrufen und Desinteresse oder geradezu Abneigung erzeugen können? Was aber immer wieder zutage tritt, ist ein Nichtwissen um das, was es mit dem Christentum eigentlich auf sich hat, woher es kommt und was sein grundlegendes Anliegen ist. Und dass Unkenntnis Vorurteile eher bestärkt als sie relativiert, ist keine allzu tiefsinnige Erkenntnis.

Freie Presse und die Wahrheit

Da in der Regel die Kirche(n) und ihre Vertreter und Vertreterinnen mit dem Christentum selbst identifiziert werden, wird meist mit der Ablehnung der Kirchen auch das Christentum als solches verworfen. Die »bunte Presse« in unserem Land weiß diese Situation zu nutzen und bietet regelmäßig zu den christlichen Jahresfesten angeblich sensationelle Enthüllungen oder Entdeckungen. In erhöhten Auflagen werden sie als »Wahrheiten« verbreitet, die zumeist nicht viel mit dem zu tun haben, was Christentum bedeutet.

Kritik und Vorurteile

Nun soll damit nicht gesagt sein, dass es am Christentum, an seiner Geschichte und wie es heute existiert, nichts zu kritisieren gäbe. Das Gegenteil ist der Fall. Allerdings kommt es auf die Intention der Kritik an: Soll sie der positiven Veränderung dienen oder der Denunziation? Und genau hier liegt ein entscheidendes Problem heutiger theologischer Forschung: Man überlässt das Feld der Öffentlichkeit fast völlig den Medien und ihren Interessen. Die Fachwelt erkennt sehr schnell, wie gehaltlos oft Zeitungsartikel über christliche Themen sind, aber reagiert wird in seltenen Fällen. So müssen Leserinnen und Leser geradezu den Eindruck gewinnen, dass die Kirchen und die Theologie schweigen, weil sie dem verbreiteten Bild vom Christentum nichts entgegenzusetzen haben. Und so bleibt alles beim alten: Die einen erfreuen sich ihrer Sachkenntnis, die anderen werden in ihren Vorurteilen bestätigt.

Christen und Kirchenmitgliedschaft

Die fortschreitende Entfremdung von den Inhalten der christlichen Tradition ist auf einen neuen Prozess der sachgerechten Information angewiesen. Dabei geht es auch darum, auf eine neue Weise unterscheiden zu lernen zwischen der Kirche als einer zeitbedingten Organisationsform christlicher Gemeinden und den Anliegen des christlichen Weges von seinen Anfängen her. Leider ist es so, dass das Christentum an die Erscheinungsform der Kirche gebunden ist, sodass eine Identifizierung beider nicht unverständlich ist. Auf die verfasste Kirche angewiesen oder gar abhängig von ihr ist das Christentum aber nicht. Christ beziehungsweise Christin zu sein bedeutet mehr als Kirchenmitgliedschaft, und Kirchenmitgliedschaft heißt noch nicht, im christlichen Sinne zu glauben und sein Leben zu führen.

Zeitalter der Information

Deshalb also dieses Buch: Ein erster Schritt hinein in einen solchen sachgemäßen Prozess der Aufklärung über die Ursprünge des Christentums und seiner Geschichte in der Gestalt vieler verschiedener Kirchen und Theologien ist die Information. Das »Zeitalter der Information« ist längst eingeläutet, an Kirche und Theologie dagegen scheint es fast spurlos vorbei gegangen zu sein. Information über den Ursprung des Christentums – nicht mehr und nicht weniger will dieses Buch leisten, und zwar in einer Weise, die so öffentlich wie möglich sein soll. Auf eine Diskussion der gelehrten Fachwelt wird daher bewusst verzichtet. Freilich bleiben viele Urteile über Vergangenes immer diskussionsbedürftig. An der Notwendigkeit dieser Art der Darstellung besteht dennoch kein Zweifel. Das Buch wendet sich an interessierte und aufgeschlossene Leserinnen und Leser, die es leid sind, ihr »Wissen« um die christlichen Traditionen aus der Boulevard-Presse zu beziehen, und die bereit sind, sich eigenständig mit diesen Fragen auseinanderzusetzen.

Ein sinnvoller Ausgangspunkt für das genannte Anliegen sind die vier großen christlichen Jahresfeste Ostern, Himmelfahrt, Pfingsten und Weihnachten. Diese Feste werden als staatliche Feiertage allgemein begangen und zumeist weiß man noch, dass sie christlichen Ursprunges sind. Aber sie sind mehr als das. In ihnen werden die entscheidenden Inhalte des christlichen Glaubens anschaulich. Das Buch ist gleichzeitig verbunden mit der Hoffnung, man möge nicht dabei stehen bleiben; es soll einen Anfang ermöglichen und zu weiterem Interesse anregen.

Ostern – Fest der Auferstehung

Zur Einführung

Das älteste Jahresfest

Ostern ist das älteste christliche Jahresfest. Am Osterfest erinnern sich Christinnen und Christen in besonderer Weise an den Tod und die Auferweckung des galiläischen Lehrers und Propheten Jesus von Nazareth, der – wahrscheinlich im Jahre 30 v. Chr. – von dem römischen Präfekten Pontius Pilatus hingerichtet worden war und von dem seine Anhänger bezeugen, dass Gott ihn von den Toten auferweckt habe. Ohne diese Ereignisse zur Passafestzeit des Jahres 30 gäbe es keinen christlichen Glauben an Gott, keine Kirche, kein »christliches Abendland«. Ohne diese Ereignisse hätte die Weltgeschichte in den vergangenen zwei Jahrtausenden einen anderen Verlauf genommen.

In deutlicher Spannung zu dieser Bedeutung des Osterfestes steht die Tatsache, dass heute kaum noch jemand etwas Genaueres von seinem Inhalt weiß. Die Feier des Osterfestes hat sich im Blick auf ihren **christlichen** Inhalt in einer Weise verselbständigt, die mit der ursprünglichen Tradition kaum etwas gemeinsam hat.

Brennpunkt: Medienöffentlichkeit – sachgemäße Information?

Jesus – ein Mythos?

Desinteresse und Mangel an Information über den Inhalt des Osterfestes sind Gründe dafür, dass regelmäßig zu solchen Anlässen wiederkehrende Sensationsberichte in der Medienöffentlichkeit nicht der **Information**, sondern der **gezielten Desinformation** und Bestätigung von diffusen Vorurteilen dienen. Als eines der neueren Beispiele sei jene Ausgabe des »Spiegel« genannt (Nr. 21 vom 24. 5. 1999), die den Titel trug: »2000 Jahre danach: Was bleibt von Jesus Christus?«. Aufbauend auf einem längst überholten Stand der Forschung wurde hier gar die Vermutung erneuert, dass es Jesus von Nazareth niemals gegeben habe, er sei ein Mythos, »der die Welt prägte«. Die Person des gekreuzigten Propheten Jesus von Nazareth ist scheinbar nach wie vor ein willkommenes Opfer, um gegen Theologie und Kirche ins Feld zu ziehen und Fronten aufzurichten, die auch bei den »Gebildeten unter ihren Verächtern« (Friedrich Schleiermacher) längst überwunden galten.

Exkurs: Der neue Streit um die Auferstehung

Eine provozierende These

Die inhaltliche Problematik des Osterfestes als Fest der Auferstehung Jesu wurde in den letzten Jahren durch eine zunächst im Rahmen der wissenschaftlichen Theologie angestoßene, als Kontroverse aber durch die Medien in breiter Öffentlichkeit geführte Debatte um die gar nicht neuen Thesen des Göttinger Neutestamentlers Gerd Lüdemann deutlich. Unter Berufung auf ein bestimmtes Verständnis von wissenschaftlicher Redlichkeit meinte er, den Menschen »endlich« die Wahrheit sagen zu müssen: Jesus sei gar nicht von den Toten auferstanden, der Leichnam im Grab verwest. Bei den Erscheinungen, von denen seine Anhänger erzählten, handele es sich um subjektive Einbildungen, die der Schock über seinen Tod ausgelöst habe und die man psychologisch-rational erklären könne. In einem Zeitungsartikel hat der Heidelberger Neutestamentler Klaus Berger auf Lüdemanns Thesen reagiert und festgestellt (FAZ vom 2. 4. 1994): »Moderne Theologie ist … bezüglich Ostern und Auferstehung in die Sackgasse geraten. Denn abgesehen vom Widerspruch zur volkskirchlichen Praxis in der Gemeinde belastet sie die Schwierigkeit, dass man den gesamten christlichen Glauben und das Christentum durch etwas erklären will, das in Raum und Zeit gar nicht geschehen ist. Das heißt: Man erklärt das Rätselhafte durch etwas, das es nicht gegeben hat.«

Vermittlungsprobleme

Hinter Bergers Bemerkung steht die bedauerliche Tatsache, dass es weder der wissenschaftlichen Theologie noch der kirchlichen Verkündigung gelungen ist, das biblische Zeugnis und Bekenntnis von der Auferweckung Jesu durch Gott so zu vermitteln, dass dem modernen Menschen die daraus folgenden Möglichkeiten und Konsequenzen für sein Leben vor Augen gestellt würden. Da es inhaltlich um das Bekenntnis geht, mit dem christlicher Glaube wie Kirche stehen oder fallen, hat dieses Versagen verheerende Auswirkungen, denn es lässt den christlichen Glauben in den Augen vieler Menschen als Anachronismus erscheinen. Lüdemann hatte diese Art der Verkündigung der Kirche als das »Murmeln einer antiken Religion« bezeichnet (Ev. Zeitung vom 15. 9. 1996). Vielleicht ist das der Grund, warum

Die »Leiche« im Keller der Kirche

die Theologie kaum mehr wagt, mit theologischen Aussagen in die Öffentlichkeit zu treten, sondern sich allgemeineren und unverfänglicheren Themen zuwendet? So kann Lüdemann, der froh ist, kein ordinierter und kirchlich gebundener Theologe zu sein, behaupten: »Der auferstandene Christus ist die Leiche im Keller der Kirche« (Lokalexpress Rothenburg/Wümme vom 11. 9. 1996).

Literaturhinweise: Gerd Lüdemann/Rolf Wischnath, Streit um die Auferstehung – Der Disput in Fürstenwalde. Eine Dokumentation, Berlin 1998; Gerd Lüdemann, Die Auferstehung Jesu: Historie – Erfahrung – Theologie, Göttingen 1994.

Nun ist es grundsätzlich begrüßenswert, wenn wissenschaftliche Forschung nicht im »Elfenbeinturm« geschieht, sondern sich in aller Offenheit den Interessierten zuwendet. Dazu müssen aber mehr Stimmen gehört werden, als der Meinungsfilter der Medien zulässt, durch den letztlich nur das destruktiv Reißerische attraktiv genug erscheint, um wahrgenommen zu werden. Denn wenn die Religion auch nicht mehr zum Glauben, zum Hoffen und zur Nächstenliebe taugt, zum Geldverdienen taugt sie allemal und in unseren Breiten vor allem die immer wieder faszinierende Person des Jesus von Nazareth.

Die Gliederung der Osterwoche

Das Osterfest, wie es heute gefeiert wird, dauert eine Woche, die in verschiedene Stationen gegliedert ist. Sie beginnt mit dem Palmsonntag und reicht über den Gründonnerstag und Karfreitag hin zum Ostersonntag. Da diese Tagesbezeichnungen allgemein gebräuchlich sind, erscheint es sinnvoll, davon auszugehen und sie vor der ausführlicheren Darstellung der Ereignisse der Osterwoche kurz zu erläutern, auch wenn sie erst nachträglich aus der Überlieferung der Evangelien des Neuen Testaments und den Brauchtumstraditionen der Kirche abgeleitet wurden.

Brennpunkt: Historische Abläufe und theologisch interessierte Darstellung

Das älteste Evangelium des NT

Der Ausgangspunkt für das Folgende ist vorwiegend die Darstellung der letzten Tage Jesu, wie sie vom ältesten Evangelium des Markus geboten wird. Der Begriff »Darstellung« ist bewusst gewählt, denn bei dem, was der Verfasser des Evangeliums schreibt, handelt es sich nicht um einen historischen Tatsachenbericht. Es geht ihm nicht um eine lückenlose Biografie im modernen Sinne, sondern um die Entfaltung der Bedeutung des Jesus von Nazareth für den Glauben seiner Adressatinnen und Adressaten. Im Vordergrund steht die theologische Interpretation. Das bedeutet nicht, dass seine Erzählung der frommen Phantasie entspringt. Er stützt sich vielmehr auf ältere Überlieferungen, die auch historische Erinnerungen enthalten, aber er wählt aus, ordnet nach eigenen Motiven und entwirft dabei ein bestimmtes Bild von Jesus. Im Prinzip verfährt die moderne Medienberichterstattung ähnlich – auch hier entscheiden die Interessen der Nachrichtenagenturen über Auswahl, Darstellungsweise und Interpretation. Die Entfaltung der Jesusgeschichte **im Evangelium** ist also in enger Verschränkung immer beides zugleich: **historische Erinnerung und theologische Interpretation**. Wenn es die Ursprünge des Osterfestes zu erhellen gilt, ist folglich zu berücksichtigen, dass jene interpretatorischen Tendenzen auch die Weise der Darstellung prägen. Das muss bei der Frage nach den historischen Zusammenhängen berücksichtigt werden. Es gibt die historischen Fakten nicht »pur«. Das trifft freilich nicht nur auf die Evangelien zu, sondern auf alle Texte der Antike, so dass Rekonstruktionen von historischen Zusammenhängen generell nur einen gewissen Grad von Wahrscheinlichkeit erreichen können.

Historie und Interpretation

Palmsonntag

Das Markusevangelium fasst die letzten Ereignisse im Leben Jesu kurz vor seinem Tod in den Zeitraum einer Woche zusammen.

Ob sie sich tatsächlich so abgespielt haben, lässt sich nicht mehr mit Sicherheit sagen. Wahrscheinlich handelt es sich dabei um eine nachträgliche Schematisierung.

Die letzten Tage Jesu – so erzählt es das Markusevangelium – beginnen mit dem Einzug nach Jerusalem (Mk 11,1–11). In seiner Darstellung lehnt sich Markus an das Wort des alttestamentlichen Propheten Sacharja an (Sach 9,9):

Sach 9,9

Du, Tochter Zion, freue dich sehr, und du, Tochter Jerusalem, jauchze! Siehe, dein König kommt zu dir, ein Gerechter und ein Helfer, arm und reitet auf einem Esel, auf einem Füllen der Eselin.

Ein König auf einem Esel

Zwar zitiert Markus dieses Prophetenwort nicht ausdrücklich, aber ihm entsprechend kommt Jesus auf einem Esel nach Jerusalem, umjubelt von Leuten, die ihn als König feiern. Sie breiten ihre Kleider und Zweige von den Bäumen vor ihm aus. Nach dem Johannesevangelium sind es Palmzweige (Joh 12,13). In Anlehnung an diese Tradition des Johannesevangeliums erhält der Sonntag vor Ostern zuerst in Spanien und dann in Gallien um 600 n. Chr. die Bezeichnung »Palmsonntag«. Etwa ab dem 8. Jahrhundert ist der Brauch bezeugt, das Geschehen mit einer Palmprozession nachzustellen.

Gründonnerstag

Das letzte Mahl

Die Bezeichnung »Gründonnerstag« benennt den Tag, an dem Jesus mit seinen zwölf engeren Vertrauten ein letztes Mahl zusammen gefeiert hat. Nach dem Markusevangelium handelte es sich um die Feier des traditionellen jüdischen **Passamahles** (Mk 14, 17–25). Im Zentrum des Gründonnerstages steht daher auch in der christlichen Tradition die Feier des **Abendmahles**.

Der Begriff »Gründonnerstag« hat mit der Farbe Grün wahrscheinlich nichts zu tun. Man leitet »Grün-« von dem mittelhochdeutschen Wort **gronan** ab, was soviel bedeutet wie »weinen« oder auch »betrübt sein« – in unserer Sprache klingt es in dem etwas altertümlichen Wort **greinen** nach – woraus schließlich **grün** wird. Das hängt wiederum damit zusammen, dass an diesem Tag in der alten Kirche diejenigen wieder in die kirchliche Gemeinschaft aufgenommen wurden, denen eine Buße auferlegt worden war. Die Aufnahme geschah wohl im Zusammenhang einer Abendmahlsfeier der Gemeinde, die auch historisch mit diesem Donnerstag vor Ostern verbunden ist.

Karfreitag

Trauer und Klage

Die Bezeichnung »Karfreitag« gilt dem Tag, an dem Jesus verurteilt und hingerichtet wurde und starb.

Das Wort »Karfreitag« wird von dem althochdeutschen (ca. 9. Jh.) Wort **kara** über das mittelhochdeutsche **kar** abgeleitet, das »Trauer« oder »Klage« bedeutet. Im angelsächsischen (gotischen) liegt der Akzent von **kara** auf »Sorge« und das klingt in dem englischen Wort **care** nach – sich sorgen, sich um etwas kümmern. Letztlich ist es also dem Tag des Todes Jesu entsprechend der **Trauer- oder Klage**-Freitag.

Ostersonntag/Ostern

Auferstehung

Der Ostersonntag ist der Tag, an dem man die Auferweckung Jesu feiert. Zwei Tage nach der Hinrichtung Jesu – so die Überlieferung – haben Frauen das leere Grab entdeckt (Mk 16,1–8). Damit nahm die Verkündigung der Auferstehung ihren Anfang. Der jüdischen Wochenzählung entsprechend geschah dies am ersten Tag der Woche, am Tag nach dem Sabbat. Für die christlichen Gemeinden wurde deshalb dieser Tag der Auferstehung in jeder Woche zu einem Festtag und dann schließlich zum Feiertag, der zum Osterfest in besonderer Weise begangen wird. In der russischen Bezeichnung des Sonntags zum Beispiel ist der Zusammenhang mit der Auferweckung Jesu noch deutlich erhalten: **woskresenije** bedeutet Auferstehung.

Der Begriff »Ostern«, der dem ganzen Fest seinen Namen gegeben hat, ist nur unsicher herzuleiten. Man bringt ihn oft mit der germanischen Frühlingsgöttin Ostera in Verbindung. Aber es gibt ein althochdeutsches Wort, **ostra** beziehungsweise **eostarum**; mittelhochdeutsch **oster(e)n**, das sich wiederum zusammensetzt aus der Wurzel **aus-** beziehungsweise **us-** oder **os-**, was soviel wie »Morgenrot« oder »Aufgang« bedeutet, sowie der Nachsilbe **-tero**, eine indogermanische Zeitangabe. **Ostero** beziehungsweise **austero** hieße dann also: »beim Morgenrot«, »beim Aufgang (der Sonne)«, und das entspricht den Angaben im Evangelium: die Frauen entdeckten am frühen Morgen, bei Sonnenaufgang, das leere Grab Jesu.

Exkurs: Auferweckung oder Auferstehung?

Verschiedene Perspektiven

An dieser Stelle scheint es angebracht, die immer wieder wechselnde Begrifflichkeit zwischen Auferweckung und Auferstehung zu erklären, um Missverständnisse zu vermeiden. Beide Begriffe bezeichnen dasselbe Geschehen, aber jeweils aus einer anderen Perspektive: Der Begriff »Auferweckung« meint das Handeln Gottes an Jesus: Gott hat Jesus von den Toten auferweckt. »Auferstehung« hingegen stellt den Betroffenen in den Mittelpunkt des Geschehens: Jesus ist auferstanden. Die Aussagen »Jesus ist auferweckt worden« oder »Jesus ist auferstanden« meinen daher ein und dasselbe aus unterschiedlichem Blickwinkel.

Brennpunkt: Der Ostertermin

Der Ostertermin versetzt die Menschen immer wieder in Erstaunen, wenn sie feststellen, wie früh oder wie spät Ostern wieder einmal liegt – ganz anders als etwa Weihnachten, das immer am 25. Dezember gefeiert wird.

Ostern und Passa

Der Ostertermin war schon sehr früh in den christlichen Gemeinden umstritten. Die Auseinandersetzung um den Ostertermin ist zuerst belegt in der Mitte des 2. Jahrhunderts, also etwa 120 Jahre nach dem Tod Jesu. In dieser Zeit löste sich das Christentum immer stärker von seinen Wurzeln im Judentum, eine

Tendenz, die freilich nicht überall in gleicher Konsequenz mitvollzogen werden konnte. Vor allem in den kleinasiatischen Gemeinden (Kleinasien ist das Gebiet der heutigen Türkei), also im Osten des Römischen Reiches, hielt man an der alten Tradition fest, das christliche Osterfest zusammen mit dem jüdischen Passafest am 14. Tag des jüdischen Frühlingsmonats Nisan zu feiern. Deshalb wurden diese christlichen Gemeinden **Quartodecimaner (quartodecima** – lateinisch: vierzehn) genannt. Ihre Praxis geht darauf zurück, dass auch Jesus nach der Überlieferung an einem Passafest gestorben ist. Damit wechselte jeweils auch der Wochentag, da der Mondkalender, nach dem die jüdische Berechnung erfolgt, nicht mit dem Sonnenkalender in Übereinstimmung zu bringen war.

Die Entscheidung einer Synode

Der ursprüngliche Zusammenhang mit dem jüdischen Passafest und die Praxis der östlichen Gemeinden weist darauf hin, dass die christliche Gemeinde in der Anfangszeit des Sterbens und der Auferstehung Jesu im Rahmen des jüdischen Passafestes gedachte. Nachweisbar ist dies ab dem frühen 2. Jahrhundert, wenn etwa der Bischof Polykarp von Smyrna erzählt, er habe mit Johannes und anderen Aposteln das Passa gefeiert (so überliefert es der Bischof Euseb von Cäsarea, Kirchengeschichte V, 24,16). Demgegenüber vertrat man im Westen des Kaiserreiches mit dem Zentrum Rom die Auffassung, die jüdische Praxis sei nicht mehr nachvollziehbar und feierte bereits seit dem 2. Jahrhundert das Osterfest an dem Sonntag, der dem jüdischen Passafest jeweils folgte. Die ökumenische Synode (oder auch Konzil) von Nicäa im Jahre 325 hat schließlich eine bis heute gültige Regelung getroffen: Das Osterfest wird seither am **Sonntag nach dem ersten Vollmond im Frühjahr** gefeiert; daher wechselt auch unser Ostertermin (wie der des Passafestes) von Jahr zu Jahr.

Tempelberg, vom Ölberg aus gesehen

Karte von Tempelberg und Ölberg

Goldenes Tor

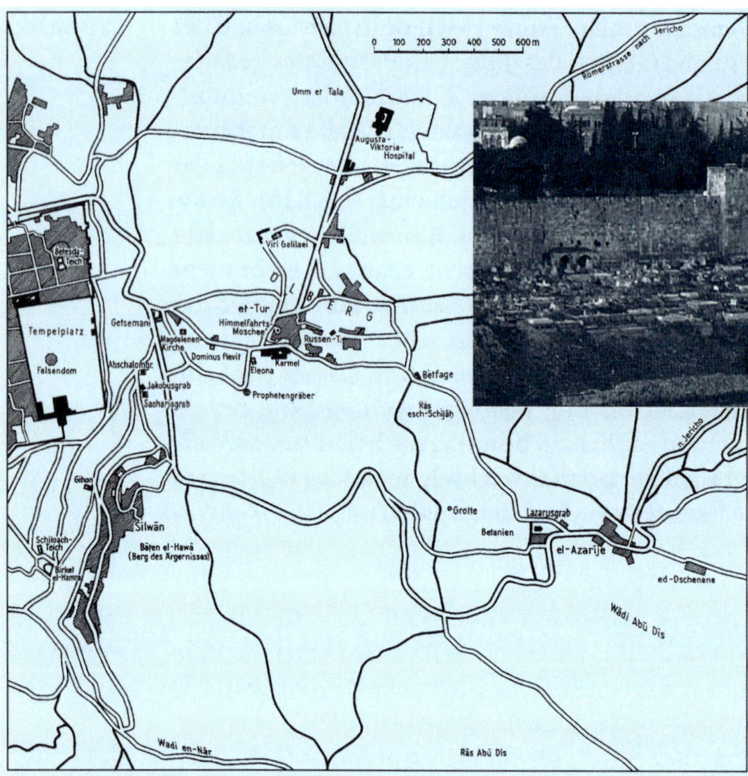

Historie und Theologie – Die Ereignisse der letzten Tage im Leben Jesu

Zwischen Palmsonntag und Gründonnerstag: Der Konflikt in Jerusalem und das letzte Passamahl Jesu mit seinen Anhängern

Einzug nach Jerusalem

Die letzten Tage Jesu werden von den Evangelien sehr dramatisch erzählt. Jesus kommt mit seinen Anhängern, seinen Schülern (traditionell: Jünger), nach Jerusalem zum Passafest, wahrscheinlich im Jahr 30 n. Chr. Schon das Eintreffen Jesu in der Stadt wird spektakulär beschrieben (Mk 11,1–11):

Und als sie in die Nähe von Jerusalem kamen, nach Betfage und Betanien an den Ölberg, sandte er zwei seiner Jünger und sprach zu ihnen: Geht hin in das Dorf, das vor euch liegt. Und sobald ihr hineinkommt, werdet ihr ein Füllen angebunden finden, auf dem noch nie ein Mensch gesessen hat; bindet es los und führt es her! … Und sie führten das Füllen zu Jesus und legten ihre Kleider darauf, und er setzte sich darauf. Und viele breiteten ihre Kleider auf den Weg, andere aber grüne Zweige, die sie auf den Feldern abgehauen hatten. Und die vorangingen und die nachfolgten schrien: Hosianna! Gelobt sei, der da kommt in dem Namen des Herrn! Gelobt sei das Reich unseres Vaters David, das da kommt! Hosianna in der Höhe! Und Jesus ging hinein nach Jerusalem in den Tempel und er besah ringsum alles, und spät am Abend ging er hinaus nach Betanien mit den Zwölfen. Mk 11, 1–11

Der Messias auf dem Esel

Wie es der Prophet Sacharja vom Messias, dem in Israel erwarteten Heilsbringer, prophezeit hatte, reitet Jesus auf einem Esel in die Stadt ein. Sein Auftreten wird damit zu einem Zeichen stilisiert: Er ist es, der das verwirklichen wird, was das Volk Israel unter der römischen Herrschaft schon lange erhoffte: Ein Messias werde kommen, ein von Gott selbst erwählter König, der die Herrschaft über das einstige Reich des Königs David wieder aufrichtet und das Volk von der Römerherrschaft befreit. So werden manche diese Zeichenhandlung verstanden haben.

Auch in der jüdischen Tradition hat man die Worte des Propheten Sacharja auf den Messias gedeutet (babylonischer Talmud, Traktat Sanhedrin [Gerichtshof] 98a):

Rabbi Alexandrai (um 270) hat gesagt: Rabbi Jehoschuah ben Levi (um 250) hat gegenübergestellt Dan 7,13: »Siehe, mit den Wolken des Himmels kam einer wie ein Menschensohn«, und Sach 9,9: »Arm und reitend auf einem Esel«. Wenn sie (Israel) Verdienste haben, kommt er mit den Wolken des Himmels; wenn sie keine Verdienste haben, kommt er arm und reitend auf einem Esel.

Der Esel galt als Reittier des Messias: *Wer einen Esel im Traum sieht, der hoffe auf das messianische Heil* (babylonischer Talmud, Traktat Berakoth [Segenssprüche] 56b). Besonders natürlich die engsten Anhänger Jesu, seine Jünger – die an dieser Stelle nicht auf den Kreis der zwölf Apostel beschränkt werden können – sahen in der Zeichenhandlung Jesu einen Hinweis auf die großen Ereignisse, die sie im Zusammenhang mit seinem Auftreten in Jerusalem erwarteten.

Die Menschen erweisen Jesus königliche Ehrungen, indem sie ihre Kleider auf den Weg legen, ein Vorgang, der aus verschiedenen Königsritualen des Altertums bekannt ist. Im Johannesevangelium werden daraus Palmzweige, die noch deutlicher auf die königliche Würde Jesu hinweisen, denn die Palme war ein königliches Symbol, wie vor allem aus Münzabbildungen hervorgeht (siehe Seite 124). Auf der Darstellung des Johannesevangeliums beruht dann auch der Name des Feiertages: Palmsonntag.

Palmzweige

Der Charakter einer Königsinthronisation wird durch den Jubelruf der Menge unterstützt, der wiederum aus verschiedenen alttestamentlichen Zitaten zusammengestellt ist. Im Zentrum steht Psalm 118,26*, mit dem ursprünglich die Priester am Passafest die einziehenden Festpilger begrüßten: »Gesegnet, der kommt im Namen des Herrn!« Das wird nun im Text des Evangeliums nicht mehr auf alle Pilger, sondern nur noch auf Jesus bezogen. Psalm 118 ist Bestandteil der Passaliturgie und Jesus kommt ja zur Zeit des bevorstehenden Passafestes nach Jerusalem. Der Hosianna-Ruf bedeutet eigentlich: »Hilf doch!« – und bekommt im Zusammenhang der Passionsgeschichte in Bezug auf Jesus einen ganz besonderen Aspekt, an dem der Verfasser des Evangeliums großes Interesse hat: Die Menge ruft Jesus gleichsam herbei als den Helfer und Retter. Das wird in Vers 10 noch konkreter: Der Kommende repräsentiert in seiner Person das Kommen des Davidreiches. Von daher kann dies als öffentliche Ausrufung eines neuen Königs angesehen werden. Diese Königsakklamation wird von dem irdischen Bereich bis in die himmlische Welt hinein vollzogen mit dem etwas veränderten Zitat von Psalm 148,1*: »Lobt ihn in den Höhen«.

»Hilf doch«

Dass Jesus tatsächlich derartige königliche Ambitionen hatte, ist sehr zweifelhaft; hier dominiert die theologische Stilisierung mit Hinweisen auf das Alte Testament und anderer Königstraditionen. Historisch möglich ist, dass Jesus auf einem Esel nach Jerusalem kam, aber die Weise, in der man das später interpretierte, ist von ihm wohl kaum so beabsichtigt gewesen. Das bedeutet nicht, die Darstellung des Markus sei falsch, denn sie bekommt ihr Recht aus dem Rückblick, nämlich von der Ostererfahrung her, nach der Gott selbst den hingerichteten Jesus zu dem gemacht hat, was die Gemeinde schon zu Lebzeiten in ihm sah, zu dem Heilsvermittler zwischen Gott und den Menschen.

Konflikt im Tempel

Bereits am Tag nach seiner Ankunft – so erzählt es Markus weiter – gerät Jesus in Konflikt mit der jüdischen Führung: Er erregt im Tempel öffentliches Ärgernis mit einer zeichenhaften Aktion (»Tempelreinigung« Mk 11,12–19), wie man sie ähnlich von alttestamentlichen Gerichtspropheten kennt. Er wirft in einer Halle des Tempels die Tische der Geldwechsler und Taubenhändler um und klagt die Priesterschaft offen an, den Tempel seiner von Gott bestimmten Funktion zu berauben:

Bethaus und Räuberhöhle

Mein Haus soll ein Bethaus heißen für alle Völker; ihr aber habt eine Räuberhöhle daraus gemacht (Vers 17; Zitat aus Jesaja 56,7 in Verbindung mit Jeremia 7,11).

Der Tempel
des Herodes
in Jerusalem

Jerusalem
mit Tempel

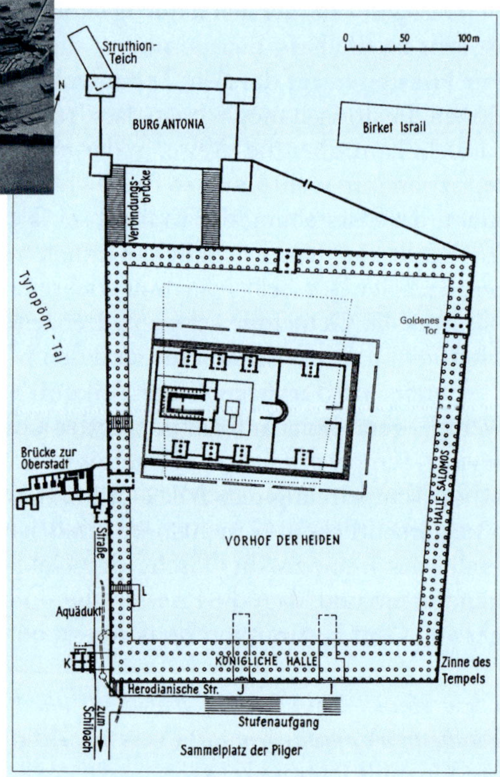

Ob die Tagesangabe des Markus stimmt, hat dabei keine Bedeutung. Entscheidend ist, dass dieses öffentliche Vorgehen gegen die Art der Ausübung des Tempelkultes und damit der Angriff auf die Machtstellung seiner Verwalter ein letztes auslösendes Moment für die Jerusalemer Priesterschaft war, Jesus zu beseitigen. Die zeichenhafte Aktion im Tempel lässt – neben anderen – historisch darauf schließen, dass Jesus mit einem prophetischen Sendungsbewusstsein auftrat, das analog dem der alttestamentlichen Prophetengestalten zu verstehen ist.

Im Zentrum der Macht

Der Konflikt zwischen Jesus und der jüdischen Führung gärte schon lange und spitzte sich am Passafest des Jahres 30 in Jerusalem zu, im Zentrum der religiösen und politischen Macht. Dieser Konfliktprozess ist wichtig, um zu erschließen, wie Jesus über sich selbst und sein Schicksal gedacht hat und wie er es seinen Jüngern beim letzten gemeinsamen Mahl zu deuten versuchte (Mk 14,12–26).

Das letzte Passamahl

Und am ersten Tage der Ungesäuerten Brote, als man das Passalamm opferte, sprachen seine Jünger zu ihm: Wo willst du, dass wir hingehen und das Passalamm bereiten, damit du es essen kannst? Und er sandte zwei seiner Jünger und sprach zu ihnen: Geht hin in die Stadt, und es wird euch ein Mensch begegnen, der trägt einen Krug mit Wasser; folgt ihm und wo er hineingeht, da sprecht zu dem Hausherrn: Der Meister lässt dir sagen: Wo ist der Raum, in dem ich das Passalamm essen kann mit meinen Jüngern? Und er wird euch einen großen Saal zeigen, der mit Polstern versehen und vorbereitet ist; dort richtet für uns zu. Und die Jünger gingen hin und kamen in die Stadt und fanden's, wie er ihnen gesagt hatte, und bereiteten das Passalamm. Und am Abend kam er mit den Zwölfen. Und als sie bei Tisch waren und aßen, sprach Jesus: Wahrlich, ich sage euch: Einer unter euch, der mit mir isst, wird mich verraten. Und sie wurden traurig und fragten ihn, einer nach dem andern: Bin ich's? Er aber sprach zu ihnen: Einer von den Zwölfen, der mit mir seinen Bissen in die Schüssel taucht. Der Menschensohn geht zwar hin, wie von ihm geschrieben steht; weh aber dem Menschen, durch den der Menschensohn verraten wird! Es wäre für diesen Menschen besser, wenn er nie geboren wäre.

Und als sie aßen, nahm Jesus das Brot, dankte und brach's und gab's ihnen und sprach: Nehmet; das ist mein Leib. Und er nahm den Kelch, dankte und gab ihnen den; und sie tranken alle daraus. Und er sprach zu ihnen: Das ist mein Blut des Bundes, das für viele vergossen wird. Wahrlich, ich sage euch, dass ich nicht mehr trinken werde vom Gewächs des Weinstocks bis an den Tag, an dem ich aufs neue davon trinke im Reich Gottes. Und als sie den Lobgesang gesungen hatten, gingen sie hinaus an den Ölberg.

Mk 14, 12–26

Judas Iskarioth

Vor diesem Passamahl erwähnt Markus die Bereitschaft des Judas Iskarioth, Jesus an die Priesterschaft auszuliefern (Mk 14, 10f.). Der Hinweis auf den Verrat in den Versen 18 bis 21, bei dem Judas nicht namentlich genannt wird, ist dadurch deutlich auf ihn bezogen. Judas gehörte zum engen Kreis um Jesus. Immer wieder wird betont, dass er »einer von den Zwölfen« war (Mk 14,10. 20.43; vgl. 3,19). Seine Bereitschaft gab der Jerusalemer Priesterschaft die Gelegenheit, ihre Pläne gegen Jesus in die Tat umzusetzen. Über die Motive des Judas sagt der älteste Bericht des Markusevangeliums merkwürdigerweise nichts. Erst nachdem er die Verratsbereitschaft signalisiert, wird ihm Geld angeboten – ein Sachverhalt, den das Matthäusevangelium später zur Ursache des Verrats gemacht hat, um die Schändlichkeit seines Verhaltens deutlicher zu betonen (Mt 26,14–16; vgl. Lk 22,3–6). In Wahrheit hatte Judas wohl ein eher tragisch zu nennendes Schicksal, das von unüberwindbarer innerer Zerrissenheit gekennzeichnet war, die ihn – durch äußere Umstände gefördert – möglicherweise in den Tod trieb.

Exkurs: Judas Iskarioth

Herkunft und Schicksal des Judas Iskarioth liegen im Dunkeln. Nur zwei Autoren des Neuen Testaments versuchen, Judas näher zu charakterisieren, indem sie von seinem Ende erzählen: Matthäus und Lukas. Aber beide tun das auf unterschiedliche und widersprüchliche Weise, so dass von vornherein deutlich ist: Hier soll legendenhaft eine Lücke gefüllt werden, die die Überlieferung offen ließ.

»Blutgebet«, »Blutacker« und Selbstmord

Nach der Darstellung des Matthäusevangeliums bereut Judas, dass er unschuldiges Blut verraten hat (Mt 27,3–10). Ein solches Vergehen stand nach dem jüdischen Gesetz in 5. Mose 27,25 unter dem göttlichen Fluch. Vielleicht sollte damit angedeutet sein, dass Judas den ins Rollen gebrachten Prozess gegen Jesus vor seiner Entscheidung durch Pilatus noch zum Guten wenden wollte. Aber seine vormaligen Verbündeten aus dem Sanhedrin interessieren sich nicht mehr für ihn, er wirft das Geld in den Tempel und erhängt sich (Mt 27,5). Von dem zurückgegebenen »Blutgeld« kaufen die Priester ein Grundstück mit der Bezeichnung »Töpferacker« als Friedhof für Fremde, der »Blutacker« genannt wird (Mt 27,6–8). Das Ende der Episode zeigt, dass es sich um eine Ätiologie handelt, die Begründung einer Ortstradition, nämlich des sogenannten Töpferackers bei Jerusalem, der als Begräbnisstätte für Fremde (Nichtjuden/Heiden) genutzt wurde und daher unreines Terrain war. Das Tor an jener Stelle in der Stadtmauer wird auch Töpfertor oder Scherbentor genannt, weil es dort Töpferwerkstätten gab. Diesen Ort hat Matthäus mit Judas in Verbindung gebracht. Für die historische Frage nach dem grausigen Ende des Judas ist sie kaum brauchbar, aber sie steht unter dem Einfluss der einzigen alttestamentlichen Selbstmorderzählung über einen gewissen Ahitophel (2. Sam 17,23), der zum Verräter Davids wurde. Besonders im Matthäusevangelium gilt Jesus als Sohn Davids, hier liegt der Ausgangspunkt dieser Legendenbildung.

Selbstmord oder Unfall

Lukas bietet in der Apostelgeschichte (1,15–20) eine andere, noch grausigere Version, die freilich stärker noch als Matthäus legendenhafte und traditionell verbreitete Züge trägt. Bereits im Evangelium des Lukas wird Judas als Werkzeug des Satans beschrieben (Lk 22,3). Dem entsprechend stellt die Apostelgeschichte den Tod des Judas nicht als Selbstmord, sondern als Gottesgericht dar: Judas hat auf seinem Grundstück einen tödlichen Unfall: Er »stürzt vornüber«, reißt sich dabei den Bauch auf und findet »seinen Platz« – nämlich bei den Gottlosen (Apg 1,25). Auch in dieser Version ist Einfluss jüdischer Motive festzustellen, denn in den Weisheiten Salomos heißt es vom Ende der Gottlosen, sie werden zu einem verachteten Leichnam, »Gott wird sie … zu Boden stürzen« (Weish 4,19). Man hat sich also auf verschiedene

Weise das Schicksal des Judas vorgestellt und ausgemalt – gut ist er dabei freilich nicht weggekommen.

Ein Blick auf das Johannesevangelium schließlich zeigt, dass die negative Sicht des Judas noch weiter ging, wenn er nicht nur vom Satan besessen ist, sondern selbst »ein Teufel« genannt (Joh 6,70) und als geldgieriger Betrüger (Joh 12,6) hingestellt wird.

Die späteren Weiterentwicklungen dieser Traditionen machen dann die Verwirrung perfekt, indem sie versuchen, die Überlieferungen des Matthäusevangeliums und der Apostelgeschichte zu harmonisieren. So schreibt etwa Eusebius von Cäsarea in seiner »Kirchengeschichte« Folgendes:

Noch eine Erklärung

(Überliefert) von Apollinarios: Nicht durch Erhängen starb Judas, sondern er lebte weiter, da er vor dem Ersticken heruntergeholt worden war. Und Folgendes bezeugt die Apostelgeschichte, dass er kopfüberstürzend in der Mitte aufplatzte und seine Eingeweide herausquollen. Deutlicher erzählt dies Papias, der Schüler des Johannes, der im vierten Buch der Erklärung der Herrenworte Folgendes sagt: »Als großes Beispiel der Gottlosigkeit aber lebte Judas in dieser Welt, indem sein Körper so sehr anschwoll, dass nicht einmal dort, wo ein Wagen leicht hindurchgeht, er hindurchgehen konnte, ja nicht einmal allein die Masse seines Kopfes. Seine Augenlider nämlich, heißt es, seien so sehr angeschwollen, dass er einerseits das Licht überhaupt nicht mehr sah, und andererseits seine Augen (sogar) durch den Spiegel des Arztes nicht gesehen werden konnten, so tief lagen sie unter der äußeren Oberfläche ... (ausgelassen ist eine grausige Darstellung seines Äußeren) ... *Als er, heißt es, nach vielen Qualen und Strafen auf seinem eigenen Grundstück zugrunde gegangen war, blieb aufgrund des Gestankes das Land öde und unbewohnbar bis heute, und nicht einmal bis zum heutigen Tag kann jemand an diesem Ort vorbeigehen, ohne dass er sich die Nase mit den Händen zuhält. Eine so starke Ausdünstung verbreitete sich von seinem Körper über die Erde«.*

Das ist an Grausamkeit wohl kaum zu übertreffen. Im Blick auf Judas ist aus heutiger Erkenntnis eher Zurückhaltung geboten: »im Hinblick auf den Tod des Judas (ist) zu bekennen: ignoramus et ignorabimus [d.h.: wir wissen nichts und werden nichts wissen]« (G. Schwarz, Jesus und Judas, Stuttgart 1988, S. 200).

Literaturhinweise: Werner Vogler, Judas Iskarioth, Berlin 1983; Hans-Joseph Klauck, Judas – ein Jünger des Herrn, Freiburg 1987; Christfried Böttrich, Judas Iskarioth zwischen Historie und Legende, in: Gedenket an das Wort, Festschrift für W. Vogler, Leipzig 1999, S. 34–55; Wolfgang Fenske, Brauchte Gott den Verräter? Die Gestalt des Judas in Theologie, Unterricht und Gottesdienst, Göttingen 2000.

Brennpunkt: Das Passamahl

Ein Fest im Frühling

Das jüdische Passamahl wird bis heute in der Nacht vom 14. zum 15. Nisan gefeiert. Nisan ist der Frühlingsmonat, der erste Monat des jüdischen Jahres, etwa von Mitte März bis Mitte April. Am Nachmittag des 14. Nisan wurden im Tempel von Jerusalem die Passalämmer geschlachtet und man bereitete sich auf das Mahl vor. So tat es auch Jesus mit seinen Jüngern (Mk 14,12).

Auszug aus Ägypten

Der Hintergrund des Passafestes wie des Festes der ungesäuerten Brote ist die Erinnerung an den Auszug Israels aus der ägyptischen Gefangenschaft, wie er im Alten Testament im Buch Exodus, das heißt »Auszug« (2. Buch Mose, Kap. 12ff.) berichtet wird. In der Nacht vor dem (fluchtartigen) Auszug des Volkes Israel wird das Schlachten eines Lammes angeordnet (2. Mose 12,3ff.). Sein Blut soll an die Türpfosten gestrichen werden, um den Zornesengel Gottes, der die Ägypter schlug, abzuwenden (2. Mose 12,7). Von daher ist vielleicht auch der Begriff herzuleiten: **pascha** ist die griechische Form des hebräischen **pesach**, aramäisch **pa(i)scha**, dessen Bedeutung nicht ganz geklärt ist; vielleicht steht im Hintergrund die Bedeutung einer assyrischen Wurzel **pasahu**: besänftigen, etwas abwenden – nämlich jenen Zornesengel Gottes. Das Fleisch des Lammes wird zubereitet und mit ungesäuerten Broten und bitteren Kräutern gegessen (2. Mose 12,8f.). Was hier noch für jedes Haus vorausgesetzt wird, ist zur Zeit des Tempels institutionalisiert worden: Das Schlachten der Lämmer geschieht nun im Tempel, ihr Blut wird an den Altar gesprengt und erst das Passamahl wird dann in den Häusern gefeiert. So hat es auch Jesus mit seinen Jüngern gehalten.

Die jüdische Passahaggada, die Vorschrift, wie das Passa zu feiern sei, orientiert sich an jenen biblischen Texten und erinnert an

Fest des Erinnerns

den Auszug aus Ägypten im umfassenden Sinne: nicht nur an den Auszug als Rettung aus der Gefangenschaft selbst, sondern auch an den nachfolgenden Bundesschluss zwischen Gott und Israel am Berg Sinai, an den Empfang des Gesetzes als Grundlage dieses Bundes und schließlich an die Führung des Volkes durch Gott in das gelobte Land und an die Errichtung des Tempels als Ort der Sühne für die Sünden des Volkes.

politisches Spannungspotential

Berücksichtigt man diese Inhalte des Passafestes, so wird sein politisch spannungsvoller Charakter deutlich, denn Jerusalem und das Land Judäa unterstanden in jener Zeit römischer Provinzverwaltung, nachdem man den jüdischen Tetrarchen Herodes Archelaos im Jahre 6 n. Chr. zu den Galliern in die Verbannung geschickt hatte. Zehntausende strömten am Passafest nach Jerusalem zum Tempel und bildeten für die römische Besatzungsmacht immer auch eine politische Gefahr. Wohl aus diesem Grund fand sich der römische Präfekt Pontius Pilatus persönlich ein, um die Macht und die Wachsamkeit Roms zu demonstrieren.

Übersteigerte Erwartung?

Immerhin ist mit der Passanacht die Erwartung des Messias eng verbunden, von dem man hoffte, er würde Israel wieder erlösen und befreien zu einem selbstständigen Gemeinwesen unter der Herrschaft Gottes. Die Erwartungen der Jünger Jesu im Blick auf ihren Lehrer gingen wohl auch in diese Richtung: *Wir aber hofften, dass er es sei, der Israel erlösen werde* (Lk 24,21) – eine Aussage, die zwar nur das Lukasevangelium bietet, die aber einiges von der Realität der Vorstellungen birgt, in der sie lebten. *Sie waren nahe bei Jerusalem und meinten, das Reich Gottes werde sogleich offenbar werden* (Lk 19,11).

Das entspricht durchaus den unterschiedlichen nationalen Befreiungshoffnungen, die in verschiedenen Gruppen des Judentums zur Zeit Jesu lebendig waren. Militant vertreten wurde eine solche Ideologie von der Gruppe der Zeloten (die »Eiferer«, aus der Sicht der Römer galten sie als gefährliche Terroristen), die sich in Galiläa formiert hatte, woher ja auch Jesus kam. Zumindest für einen Teil seiner Jünger kann man solche Vorstellungen voraussetzen. Nach dem Lukasevangelium trug ein Apostel namens Simon den Beinamen »der Zelot« (Lk 6,15). Vielleicht kann man von hier aus auch die Tat des Judas in einem anderen Licht beurteilen.

Exkurs: Die Zeloten – Ein Blick in die Zeitgeschichte

Herodes und die römische Herrschaft

Nachdem die Römer im 1. Jh. v. Chr. Palästina ihrem Imperium einverleibt hatten, setzten sie im Jahre 37 v. Chr. einen Vasallenkönig ein, Herodes den Großen. Herodes war kein gebürtiger Jude. Als Günstling der Römer verhalf er aber Palästina zu einer Blütezeit, von der bis heute architektonische Meisterwerke Zeugnis ablegen. Eine seiner größten Leistungen der Baukunst war die Restauration des Tempels, von dem die jüdische Tradition sagt: *Wer den Tempel des Herodes nicht gesehen hat, hat niemals ein wirklich schönes Bauwerk kennen gelernt!* (Mischna, Traktat Sukkah [Laubhütte] 51,2). Selbst der römische Historiker Tacitus (55–120 n. Chr.) zeigte sich tief beeindruckt: *Ein wunderbarer Anblick* (Historiae V, 11). Während der Herrschaft des Herodes, die bis zum Jahr 4 v. Chr. dauerte, wurde Jesus geboren. Nach dem Tod des Königs zerfiel sein Herrschaftsgebiet in sogenannte Tetrarchien unter seine Söhne. In Judäa mit der Hauptstadt Jerusalem trat Herodes Archelaos als Tetrarch (Teilkönig) die Herrschaft an. Wegen seiner Amtsführung setzte man ihn aber bereits im Jahr 6 n. Chr. ab und unterstellte Judäa direkt der römischen Verwaltung durch Präfekten. Der bekannteste von ihnen ist Pontius Pilatus, der Jesus kreuzigen ließ.

Aufteilung des Landes

Pontius Pilatus

Judas, der Galiläer

Im Widerstand gegen diese römische Herrschaft in Palästina entstand im Jahr 6 n. Chr. unter Judas dem Galiläer – man beachte die Herkunftsangabe: auch Jesus stammt aus Galiläa! – die zelotische Bewegung mit Galiläa als Zentrum. Deren Ziel war es, das Königtum in Israel wieder einzusetzen. In der Anklage gegen Jesus und im Todesurteil gegen ihn werden ähnliche Dinge unterstellt. Die Zeloten gewannen in den sechziger Jahren des 1. Jh. n. Chr. solche Stärke, dass sie in einen offenen Krieg gegen die Römer eintraten, der im Jahre 70 n. Chr. mit der Zerstörung Jerusalems und 72 mit der Eroberung der letzten Festung der Zeloten, Masada, für das jüdische Volk in einer Katastrophe endete.

Die Evangelien berichten aus ihrer Rückschau freilich nicht mehr jede Einzelheit des letzten Passamahles Jesu, sondern sie konzen-

Masada

trieren sich auf die für das Verständnis der Geschichte Jesu wichtigen Dinge. Das sind vor allem die beiden Elemente Brot und Weinbecher aus der Hauptmahlzeit, die später für die christliche Feier des Abendmahles bestimmend wurden (Mk 14,22–25). Die herausragende Bedeutung des Brotes und des Weinbechers erwächst aus den sogenannten Deuteworten, die Jesus zu Brot und Wein spricht, denn damit weicht er von der üblichen Passaliturgie ab. Mit diesen Worten versucht Jesus ein letztes Mal, seinen Jüngern das ihm bevorstehende Schicksal zu deuten (Mk 14,22–24):

Brot und Wein

Und als sie aßen, nahm Jesus das Brot, dankte und brach's und gab's ihnen und sprach: Nehmet, das ist mein Leib. Und er nahm den Kelch, dankte und gab ihnen den; und sie tranken alle daraus. Und er sprach zu ihnen: Das ist mein Blut des Bundes, das für viele vergossen wird.

Mk 14, 22–24

Das Brot und der Wein im »Segensbecher« – so wurde er auch noch in der christlichen Gemeinde genannt (1. Kor 10,16), werden von Jesus symbolisch auf sich selbst bezogen: Das Brot, das er austeilt, ist sein Leib, der dem Tod ausgeliefert wird; der Wein im Becher ist sein Blut, das vergossen wird. Brotwort und Becherwort sagen also ein und dieselbe Sache mit anderen Worten. Die Bezeichnung »Blut des Bundes« oder »Bundesblut« weist auf den alttestamentlichen Hintergrund des Exodus, dessen Erinnerung im Zentrum des Passa steht: Nach Exodus 24,8 ist das Bundesblut die Sühne für die Sünden des Volkes, mit dem der Bund Gottes mit seinem Volk als eine gegenseitige Verpflichtung besiegelt wurde. Urkunde dieser Bundesverpflichtung ist das alttestamentliche Gesetz des Mose.

Symbolische Deutung: Das Blut des Bundes

Führt man den Kern der Aussagen in den Deuteworten auf Jesus zurück, dann ist deutlich, dass er seinen gewaltsamen Tod vor Augen hatte. Dass es so kommen musste, konnte er aus der scharfen, radikalen, das heißt bis an die Wurzeln der Macht rührenden Kontroverse zwischen seiner Auffassung von der Herrschaft Gottes und den Interessen der Priesterschaft schließen. Als Beispiel hatte er das Schicksal seines Lehrers vor Augen, Johannes des Täufers, der ebenfalls aufgrund seiner kompromisslosen Verkündigung hingerichtet worden war. Auf diesem Hintergrund

Verstehen und Erinnern

gibt Jesus beim letzten Mahl zu erkennen, dass er bereits von einem Verräter weiß; und er will mit diesem letzten Mahl den Jüngern helfen, sein Schicksal zu verstehen: Sie sollen seinen Tod nicht als ausweglos es Ende verstehen, sondern als eine Besiegelung des Bundes Gottes mit den Menschen, der auf der Grundlage seiner Verkündigung neu geschlossen und begründet wird. Die Bedeutung des Passafestes, die Erinnerung an den Auszug aus der ägyptischen Sklaverei und den Sinaibund lassen diese Intention deutlich hervortreten. Der »neue« Bund ist Rückbesinnung auf die Intentionen des »alten«, für die Jesus gegen die Interessen der Priesterschaft eintritt und mit seinem Leben bezahlt.

Dieses tiefere Verständnis seines Todes ist der Grund dafür, warum die Gemeinde nach dem Tod Jesu ein solches Mahl als Erinnerung an seinen Tod bis heute feiert, und nicht nur am Gründonnerstag.

Der Weg zur Kreuzigung – Karfreitag

Die Nacht in Gethsemane

Nach dem Passamahl geht Jesus mit seinen Jüngern zum Ölberg (Mk 14,26). Nach der Vorschrift des Gesetzes musste man die Passanacht in Jerusalem verbringen (5. Mose 16,5ff.). Wegen der Menge der Festpilger (man rechnet mit bis zu 150.000) wurde für die Passazeit das Stadtgebiet bis an den Ölberg erweitert. Normalerweise hatte Jerusalem und Umgebung zur Zeit Jesu etwa 30 bis 40.000 Einwohner. Jesus begibt sich in ein Landgut mit Namen Gethsemane. Dort, so wird erzählt, findet ein letztes Ringen Jesu um Klarheit über sein Schicksal statt (Mk 14,32–42). An dessen Ende stand wahrscheinlich für Jesus die Erkenntnis, dass sein Schicksal einen unabwendbaren Verlauf nehmen würde (Mk 14,41), wollte er konsequent für seine Botschaft von der Nähe des Gottesreiches einstehen.

Judas und die Polizei

Judas, von dem wir nicht erfahren, wann er sich von der Gruppe getrennt hat, führt einen bewaffneten Trupp Soldaten der Tempelpolizei zu Jesus. Die Tempelpolizei unterstand nicht den Römern, sondern der jüdischen Priesterschaft. Die Soldaten – sie sind bewaffnet, auf Widerstand gefasst – verhaften Jesus. Aber die

Blick auf den Ölberg

Gethsemane am Ölberg

Jünger fliehen, weil sie wohl damit rechnen, ebenfalls verhaftet zu werden (Mk 14,43–52).

Kaiphas

Nach seiner Gefangennahme wird Jesus von der Tempelpolizei zum Hohenpriester namens Kaiphas gebracht, der von 18 bis 36 n. Chr. amtierte (Mk 14,53f.). Der Palast des Hohenpriesters befand sich im Südwesten Jerusalems unterhalb des Herodespalastes. Der Sanhedrin, der Hohe Rat, war zusammengerufen worden, um über Jesus eine Anklage zu formulieren.

Exkurs: Der Sanhedrin – Der oberste Gerichtshof

Die höchste Instanz

Sanhedrin ist ein hebräisches Lehnwort, das den griechischen Begriff **synhedrion** (= die Zusammensitzenden = die Versammlung = die Behörde), aufnimmt. Der Sanhedrin war die oberste jüdische Gerichts- und Verwaltungsbehörde (hebräisch: **beth dijn hamigdol** = der hohe/oberste Gerichtshof). Aus späterer Zeit ist bekannt, dass er gemäß 2. Mose 24 und 4. Mose 11,16 aus 70 Mitgliedern und dem Hohenpriester bestand. Die Aufgaben des Sanhedrin zur Zeit Jesu lassen sich aufgrund der Quellenlage schwer identifizieren, er gilt jedoch als die oberste religiöse, politische und juristische Instanz in Israel. Fraglich ist vor allem, ob es eine kontinuierlich bestehende Behörde war oder ein Consilium, eine Ratsversammlung, die nur aus aktuellen Anlässen einberufen wurde.

Verhör und Anklage

Wie die gerichtliche Untersuchung gegen Jesus im einzelnen ablief und ob die Evangelien den Vorgang richtig wiedergeben, ist unklar. Nach dem jüdischen Gesetz, auf dessen Grundlage die todeswürdige Schuld Jesu festgestellt wurde, konnte man zumindest den Gegenstand der Verhandlung erschließen. Danach scheint Jesus von den Ratsmitgliedern auf seine messianischen Ansprüche hin befragt worden zu sein. Der schwerwiegendste Anklagepunkt war seine kritische Stellung zur Kultausübung am Tempel, ein Gebiet, das stets großes Konfliktpotenzial enthielt (vgl. Flavius Josephus, Der Jüdische Krieg VI, 300ff.). Auch wenn Markus sich große Mühe gibt, die Beteiligung des **ganzen** Sanhedrin zu betonen und das Verhör als einen regelrechten Prozess zu schildern, erweckt seine Darstellung dennoch den Eindruck einer relativ kurzfristigen und übereilten Voruntersuchung. Wahrscheinlich haben daran auch nicht alle Mitglieder des Hohen Rates teilgenommen, zumal es im Sanhedrin offenbar auch Sympathisanten Jesu gab, die bei einer derartigen Anklagefeststellung wohl kaum erwünscht waren – so erwähnt er etwa einen Ratsherrn namens Josef von Arimathäa (Mk 15,43). Es konnte auch nicht eine rechtskräftige Verurteilung beabsichtigt werden, da das Recht der Verurteilung und der Vollstreckung des Urteils, das sogenannte **ius gladii** (die Schwertgewalt), in den Händen der Römer lag. Bei der Untersuchung des Hohen Rates ging es wahrscheinlich um die Feststellung der Punkte, die bei einer Anklage vor dem römischen Gericht für ein Todesurteil geeignet schienen. Die Untersuchung ergab ein deutliches Votum für die Todesstrafe, begründet in dem Vorwurf der Tempelfeindschaft und politisch-messianischer Ansprüche. Vor allem der letzte Punkt war wegen seiner politischen Bedeutung für die Anklage vor Pilatus entscheidend. Sieht man die Rekonstruktion dieser Anklagepunkte auf dem Hintergrund des jüdischen Gesetzes (5. Mose 13,2–12; 17,12), so wird man annehmen müssen, dass Jesus als Falschprophet und religiöser Verführer sowie als Aufrührer des Todes für schuldig befunden wurde. Ein solcher war laut Gesetz öffentlich in Jerusalem auf einem Fest hinzurichten (so fordert es das Gesetz der Mischna im Traktat Sanhedrin 11,3f.), um dem Volk zur Abschreckung zu dienen. Genauso ist mit Jesus verfahren worden.

ius gladii

Falscher Prophet und Aufrührer

Am darauffolgenden Morgen führte man Jesus dem römischen Präfekten Pontius Pilatus vor.

Brennpunkt: Pontius Pilatus

Der Präfekt von Judäa

Nachdem man im Jahre 6 n. Chr. den jüdischen Tetrarchen von Judäa, Herodes Archelaos, zu den Galliern verbannt hatte und Judäa direkt unter römische Prokuratur stellte, war Pontius Pilatus der 5. Präfekt von Judäa. Seine Amtszeit dauerte von 26 bis 36 n. Chr. Die Ernennung erfolgte auf Betreiben des römischen Judenfeindes Sejan, eines hochrangigen Militärpräfekten. Von daher war das Vorzeichen der Amtsführung des Pilatus von vorn-

Pilatus-Inschrift aus Cäsarea am Meer

herein nicht gerade hoffnungsvoll für die jüdische Bevölkerung. Der Titel des Pilatus lautete nicht: Prokurator (verwaltungstechnischer Begriff), sondern Präfekt, bei dem der militärische Aspekt der Herrschaftsausübung im Vordergrund stand. Der Titel des Präfekten ist für Pilatus durch eine Inschrift aus Cäsarea belegt:

> TIBERIEUM
>
> [PON]TIUS PILATUS
>
> [PRAEF]ECTUS IUDA[EA]E.

»ein boshafter und unversöhnlicher Mensch«

Die Amtsführung des Pilatus wird in jüdischen Quellen nicht gerade vorteilhaft beschrieben. Selbst aus einer loyalen jüdisch-hellenistischen Position wie der des jüdischen Philosophen Philo von Alexandrien (ca. 15 v.–50 n. Chr.) hören wir die Anklage: »Er war von Charakter unbeugsam und rücksichtslos hart«. »Zu seiner Zeit herrschten in Judäa Bestechlichkeit, Gewalttaten, Räubereien, Bedrückungen, fortwährende Hinrichtungen ohne Urteilsspruch und grenzenlose, unerträgliche Grausamkeit ... er war nicht gewillt, irgendetwas zu tun, was seinen jüdischen Untertanen gefallen hätte ... ein boshafter und unversöhnlicher Mensch« (Philo, Legatio ad Gajum 301ff.; ähnlich bei Flavius Josephus, Jüdische Altertümer XVIII, 55–XIX, 89). Und auch Lukas berichtet in seinem Evangelium vom rücksichtslosen Vorgehen des Pilatus gegen Passafest-Pilger (Lk 13,1f.).

Historie und Legende

Aber Pilatus war auch – zumindest in seinen ersten Regierungsjahren – ein vorsichtiger und bisweilen unentschlossener Mann. In diese Anfangsjahre fiel auch die Verurteilung und Hinrichtung Jesu. Doch die Unsicherheiten im Regierungsstil des Pilatus scheinen sich im Laufe seiner Amtszeit gegeben zu haben, denn sein brutales Verhalten hat schließlich zu seiner Amtsenthebung geführt (36/37 n. Chr.). Über sein Schicksal danach ist nichts bekannt. Die Legende berichtet von seiner Hinrichtung unter dem Kaiser Nero, eine andere weiß von Selbstmord zur Zeit des Kaisers Caligula, um sich der Verurteilung zu entziehen, und letztlich wird Pilatus in der christlichen Tradition der äthiopischen Kirche als Märtyrer heilig gesprochen.

Theater in Cäsarea

Die Residenz des Präfekten befand sich in Cäsarea Maris, Cäsarea am Meer. Während der Feste hielt sich Pilatus in der Regel in Jerusalem im alten Herodespalast auf, vor allem wegen der Gefahr von Aufständen. Dort fand auch der Prozess gegen Jesus statt, nicht in der Garnison Antonia, die Herodes der Große oberhalb des Tempels hatte erbauen lassen und wo man heute – in Anlehnung an den abweichenden Bericht des Johannesevangeliums – den Touristen den angeblichen Platz der Urteilsverkündung zeigt.

Residenz am Meer

Das Verhör vor Pilatus konzentriert sich auf die Messiasfrage, also die politische Gefahr. Wahrscheinlich hat man den Galiläer Jesus vor Pilatus mit den Zeloten in Verbindung gebracht, die das göttliche Königtum in Israel wieder aufrichten wollten. Nur damit konnte Jesus zu einer politischen Gefahr für die Herrschaft der Römer gemacht werden. Das spezifisch jüdische Interesse am Tempel war ein religiöses, innerjüdisches Problem und das hätte Pilatus kaum interessiert. Doch auch im Blick auf die Messias/Königs-Frage kann man Zweifel haben, ob Pilatus in Jesus wirklich eine akute politische Gefahr sah. Wiederholt betonen die Evangelien einhellig, dass er kein todeswürdiges Verbrechen an Jesus finden kann. Auch wenn hier eine Tendenz zur Entlastung der Römer bei der Verurteilung Jesu deutlich zu erkennen ist, erscheint solche Zurückhaltung für den sonst bisweilen grausamen Judenfeind Pilatus durchaus ungewöhnlich. Schon die Tatsache, dass er dessen Anhänger nicht ebenfalls gefangen nimmt, deutet seine eher skeptische Haltung in diesem Falle an.

politische Gefahr

Die Verurteilung Jesu wird mit einem anderen Prozess verbunden, in dem ein von den Römern selbst angeklagter Aufrührer mit Namen Barabbas verurteilt werden soll. Dass diese Barabbas-Geschichte rein literarisch zu verstehen sei und keinen historischen Anhaltspunkt hat – wie manche Ausleger meinen – ist nicht sehr wahrscheinlich. Barabbas war vermutlich ein Zelot – ein im Untergrund für die Freiheit Israels Kämpfender; in den Augen der Römer freilich ein gefährlicher Terrorist. Vielleicht war das Zusammentreffen zufällig – im Unterschied zur Kreuzigung Jesu war die öffentliche Hinrichtung des Barabbas am Fest von den Römern wohl beabsichtigt. Wahrscheinlich aus diesem Grun-

Barabbas

de wollte Pilatus auf den sonst wenig bezeugten Vorgang der Passaamnestie zurückgreifen und Jesus wieder freilassen, um die Hinrichtung des in seinen Augen gefährlicheren Barabbas nicht zu gefährden. Doch er gab dem Druck der jüdischen Führung nach, nicht ohne sich selbst damit zu schützen. Wahrscheinlich setzte man ihn mit der Drohung unter Druck, ihn beim Kaiser anzuklagen, wie es in Johannes 19,12 noch durchklingt:

Freund des Kaisers

Sie aber schrieen und sprachen: Wenn du diesen freilässt, so bist du nicht der »Freund des Kaisers«, denn wer sich selbst zum König macht, der ist gegen den Kaiser.

»Freund des Kaisers« galt als ein Ehrentitel, der Pilatus von seinem einflussreichen Gönner Sejanus verliehen worden war. Immerhin wurde Pilatus wegen einer ähnlichen Klage der Juden vom Kaiser Tiberius seines Amtes enthoben. Dies steht möglicherweise hinter der Formulierung des Johannesevangeliums.

Todesurteil

Pilatus verurteilt Jesus aufgrund der Anklage des jüdischen Hohenpriesters und einiger Mitglieder des Hohen Rates rechtskräftig als Messiasprätendent, also als politischen Verbrecher und Aufrührer, zum Tod durch Kreuzigung. Die historisch wahrscheinlich zuverlässige und aus der Perspektive der Römer eher spöttisch anmutende Kreuzesinschrift »König der Judäer« bestätigt diese Schlussfolgerung. Es klingt der Situation entsprechend fast unangemessen, wie knapp der Evangelist Markus von der Kreuzigung Jesu spricht (Mk 15,22–24):

Mk 15, 22–24

Und sie brachten ihn zu der Stätte Golgatha, das heißt übersetzt: Schädelstätte. Und sie gaben ihm Myrrhe in Wein zu trinken; aber er nahm's nicht. Und sie kreuzigten ihn.

Mit ganz wenig Worten, ohne Ausschmückungen, fast protokollartig nennt der Evangelist die einzelnen Elemente des Vorganges. Man hat den Eindruck, es verschlägt ihm selbst die Sprache!

Brennpunkt: Die Kreuzigung

Kreuzigung – der »erbärmlichste Tod«

Die Kreuzigung war in der Antike eine verbreitete Hinrichtungsart. Persischen Ursprungs (so Herodot), gelangte sie über Alexander den Großen und die Diadochen zu den Römern. Sie wurde gegen Tempelräuber, geflohene Soldaten und Sklaven, Hochverräter und Aufrührer verhängt. Gelegentlich – so wird es auch von Flavius Josephus überliefert – hat man scharenweise Menschen gekreuzigt. In dieser Hinsicht war also der Tod Jesu nichts besonderes. Von dem römischen Heerführer Varus heißt es, dass er im Jahr 4 v. Chr. in Judäa bei Unruhen nach dem Tod des Herodes 2.000 Juden kreuzigen ließ (Jüdischer Krieg II, 27; Jüdische Altertümer XVII, 295). Personen mit römischem Bürgerrecht durften auf diese Weise nicht hingerichtet werden, weil die Kreuzigung schon nach zeitgenössischen Beschreibungen als »die grausamste und fürchterlichste Todesstrafe« (Cicero, In Verrem II, 5) überhaupt galt. Josephus nennt sie »die erbärmlichste aller Todesarten« (Jüdischer Krieg VII, 203), für Tacitus ist sie die »sklavische Todesstrafe« (Historiae IV, 11). »Schon das Wort ›Kreuz‹ soll fernbleiben nicht nur dem Leibe der römischen Bürger, sondern auch ihren Gedanken, ihrem Auge, ihrem Ohr« (Cicero, Pro Rabiri V, 16).

Die Delinquenten hatten vor der Kreuzigung das Querholz, das **patibulum**, selbst zur Hinrichtungsstätte zu tragen, und wurden in der Regel nackt gekreuzigt. Das war freilich für jüdische Auffassung nicht akzeptabel, weshalb man eine zumindest teilweise Verhüllung forderte. Ob darauf Rücksicht genommen wurde, ist schwer zu sagen. Der Verurteilte wurde am Querholz auf dem Boden befestigt, entweder genagelt oder gebunden. Das erstere war wohl die Regel, was aus der Begrifflichkeit bei Josephus hervorgeht, der für kreuzigen auch den Begriff annageln verwendet (vgl. auch die sprichwörtliche Sentenz bei Seneca, Vom glücklichen Leben 19,3: »Jeder schlägt sich selbst die Nägel in sein Kreuz«). Die Nägel wurden nicht in die Handflächen, sondern durch die Unterarme getrieben. Das Querholz mit dem Körper zog man an einem senkrecht in die Erde gerammten Pfahl hoch und verankerte es, die Füße ließ man übereinander annageln. Das geht aus einem seinerzeit spektakulären Fund von 1968 hervor, bei dem in einem Sarg (Ossuar) in Giv'at ha-Mivtar bei Jerusalem

Ein spektakulärer Fund

Kreuzigungsgruppe in der Kirche zu Wechselburg

Überreste des Gekreuzigten von Giv'at ha-Mivtar

1 Nagel (ca. 11 cm lang)
2 Rost- und kalkartige Ablagerungen
3 Holzreste
4 Kalkkruste
5 Rechtes Fersenbein
6 Linke Stütze des Sprungbeines
7 Linkes Fersenbein
8 Reste von Olivenholz

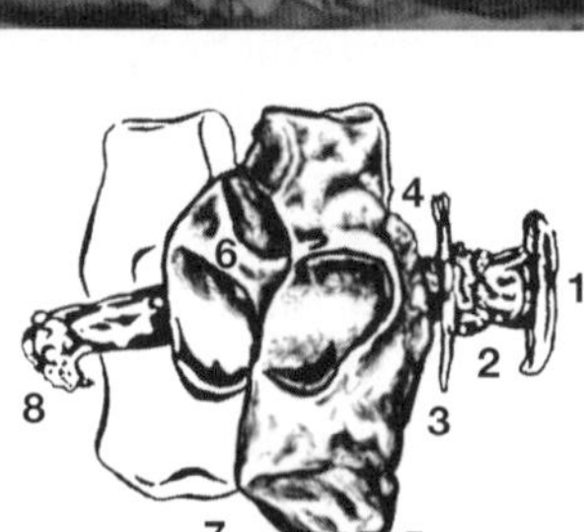

Reste der Knochen eines Gekreuzigten gefunden wurden. Der Fund datiert in die erste Hälfte des 1. Jh. n. Chr. Der etwa 25- bis 30-jährige Mann war also ein Zeitgenosse Jesu und trug vermutlich den Namen Jehochanon. So lautet jedenfalls die Beschriftung auf dem Ossuar. Das rechte und linke Fersenbein ist mit einem Nagel durchbohrt, der noch darin steckt. Die untere Speiche des rechten Armes zeigt, dass die Unterarme angenagelt wurden; die Füße hat man wahrscheinlich bei der Abnahme vom Kreuz kurzerhand abgeschlagen. Die Schienbeine und Wadenbeine sind zuvor gewaltsam gebrochen worden, um den Tod des Delinquenten schneller herbeizuführen.

Langsames Sterben

In der Mitte des stehenden Kreuzespfahles war meist ein Holzklotz zum Sitzen des hängenden Körpers (**sedile**) befestigt. Damit sollte ein schneller Tod verhindert und die Qualen verlängert werden. Bei einer Kreuzigung hingen die Sterbenden oft tagelang am Kreuz, und »hauchten ihre Seele tropfenweise aus«, wie es der Philosoph Seneca beschrieb. Die Todesursache war meist ein Kreislaufkollaps beziehungsweise ein langsamer Erstickungstod. Die Römer nahmen die Toten in der Regel nicht ab, sondern ließen sie – um die Abschreckung noch zu verstärken – am Kreuz hängen und lieferten sie den Tieren aus. Erst im 4. Jh. n. Chr. hat der christliche Kaiser Konstantin die Kreuzigung als Todesstrafe abgeschafft.

Das jüdische Strafrecht sah keine Kreuzigung vor, obwohl in 5. Mose 21,23 von einem »Aufhängen am Holz« die Rede ist. Das sollte mit verurteilten Gotteslästerern geschehen, nach vollstrecktem Todesurteil durch Steinigung. Das Hängen am Holz galt als Fluch Gottes; für die jüdischen Ankläger war das Scheitern Jesu mit seiner Kreuzigung besiegelt.

So mussten freilich auch seine Jünger von den Ereignissen denken, denn für sie galt dieses jüdische Gesetz. Erst mit der Ostererfahrung gelangten sie zu einem neuen Verständnis dieses Kreuzestodes.

Literaturhinweise: Martin Hengel, Mors turpissima crucis, in: Rechtfertigung, Festschrift für Ernst Käsemann, Tübingen 1976, S. 125–184; Heinz-Wolfgang Kuhn, Die Kreuzesstrafe während der frühen Kaiserzeit, in: Aufstieg und Niedergang der Römischen Welt II, 25,1 (1982) S. 648–793; ders., Der Gekreuzigte von Giv'at ha-Mivtar, in: Theologia crucis – signum crucis, Festschrift für E. Dinkler, Tübingen 1979, S. 303–334.

Brennpunkt: Wer war schuld am Tod Jesu?

Ein verhängnisvoller Satz

Der judenchristliche Missionar Paulus, durch den der christliche Glaube in der Anfangszeit maßgeblich verbreitet wurde, hat in einem Brief einen Satz geprägt, der in der Geschichte der Kirche gegenüber dem jüdischen Volk eine verheerende Wirkungsgeschichte hatte (1.Thess 2,14f.):

1. Thess 2,14f.

Denn, liebe Brüder, ihr seid den Gemeinden Gottes in Judäa nachgefolgt, die in Christus Jesus sind; denn ihr habt dasselbe erlitten von euren Landsleuten, was jene von den Juden erlitten haben. Die haben den Herrn Jesus getötet und die Propheten und haben uns verfolgt und gefallen Gott nicht und sind allen Menschen Feind.

»Die Juden«?

Die Frage nach der Beteiligung des jüdischen Volkes an der Verurteilung und der Hinrichtung Jesu ist aufgrund dieser Zusammenhänge schon im Ansatz eine falsche Fragestellung, weil sie etwas suggeriert, was es so niemals gegeben hat. Die Priester, die ihre Macht und ihren Einfluss im Volk gefährdet sahen, darf man nicht mit »dem« jüdischen Volk identifizieren. Das ist vor allem im Blick auf die verheerende Wirkungsgeschichte zu sagen, die diese falsche Fragestellung gehabt hat.

Mit dieser Äußerung steht Paulus, der von seiner Herkunft selbst Jude war, in einer Tendenz der frühen christlichen Tradition, die sich in den Evangeliendarstellungen über den Tod Jesu fortsetzen. Der ebenfalls judenchristliche Autor des Matthäusevangeliums stilisiert die Pilgermenge beim Prozess zum »ganzen« Volk hoch und lässt sie rufen (Mt 27,25): *Sein Blut komme über uns und unsere Kinder.*

»Sein Blut komme über uns«

Bei dieser Formulierung muss man – gerade in diesem Evangelium – berücksichtigen, dass sie alttestamentlichem Sprachgebrauch folgt. Im Alten Testament begegnet oft die Wendung *»sein Blut bleibe auf ihm«*, ein Spruch, der gegenüber zum Tode Verurteilten gesprochen wird und die Verantwortung für sein Schicksal an ihn selbst bindet. Damit werden die Verurteiler von der Verantwortung entlastet und nicht selbst eines Tötungsdeliktes schuldig. Auf diese Weise bleibt die verurteilende Gemeinschaft frei von eigener Blutschuld, wenn sie ihn tötet, denn sie handelt ja nach dem Gesetz. Wenn also nun Matthäus diese Wendung umgekehrt formuliert: *»Sein Blut komme (bleibe) auf* ***uns***«, dann lässt er jene, die das rufen, ganz bewusst die Verantwortung für das Todesurteil übernehmen. Daraus ergibt sich, dass nun nicht mehr der Delinquent selbst, sondern sie die Konsequenzen tragen. Da der Satz dem Volk durch den Evangelisten in den Mund gelegt wird und kaum historischen Anspruch erheben kann, geschieht hier eine nicht zu überhörende Schuldzuweisung an »die Juden«, die der pauschalen Formulierung des Paulus in nichts nachsteht, die aber eben – wie die des Paulus – deutlich sekundär ist und mit den historischen Zusammenhängen nichts zu tun hat.

Spuren eines Konfliktes

So schlimm solche Bemerkungen in unseren Ohren klingen mögen – verheerend ausgewirkt haben sie sich erst durch den verabsolutierenden Missbrauch, der sie einerseits so versteht, als würden sie tatsächlich die historische Wahrheit wiedergeben, und der sie andererseits aus ihrem eigenen, historischen Zusammenhang herausreißt, durch den allein sie relativiert werden können. Denn die Äußerung des Paulus nimmt – ähnlich wie die des Matthäus – eine Vorstellung spezifisch jüdischer Theologie auf. Es handelt sich um die Vorstellung vom gewaltsamen Geschick der Propheten: Das von Gott abtrünnige Volk Israel hört nicht auf die Stimme der Umkehrpropheten und tötet sie stattdessen. Darüber hinaus ist der Satz bei Paulus eine polemische Überspitzung in einer Situation der Verfolgung durch die Verantwortlichen der Synagogen beziehungsweise des Tempels – mit der historischen Wirklichkeit des Prozesses gegen Jesus hat dies nichts zu tun.

Priesteraristokratie

Für die Hinrichtung Jesu sind die Römer verantwortlich, daran gibt es keinen vernünftigen Zweifel. Aber man darf auch nicht wegen all dem, was Juden durch Christen über Jahrhunderte erleiden mussten, die Augen davor verschließen, dass es in den Priesterkreisen der Jerusalemer jüdischen Führung des Jahres 30 n. Chr. Leute gegeben hat, die ein machtpolitisches Interesse an der Beseitigung Jesu hatten und dieses durch geschicktes Taktieren beim Präfekten Pilatus durchsetzen konnten. Dennoch ist Pilatus letztlich für die Verurteilung Jesu verantwortlich. Es erscheint ganz unwahrscheinlich, dass er Jesus für unschuldig erklärt hat und trotzdem verurteilte, wie viele Ausleger aus der sekundären Tendenz der Evangelien schließen. Darüber hinaus findet sich bereits im Markusevangelium eine Differenzierung der jüdischen Gruppen. Der Verfasser engt den Kreis der Beteiligten bis zur Vorführung vor Pilatus ein auf die Priesteraristokratie, besonders den Hohenpriester und seine Vertrauten, womit er darauf hindeutet, dass eben diese Leute in den Prozess gegen Jesus involviert waren, nicht das ganze Volk. Nicht eine pauschale, sondern eine differenzierte Beurteilung führt zu historisch naheliegenden Erkenntnissen, die respektiert und nicht aufgrund einer schlimmen, textexternen Wirkungsgeschichte uminterpretiert werden sollten.

Man muss daher drei Dinge unterscheiden:

Notwendige Unterscheidungen

Erstens: Das, was man historisch wahrscheinlich rekonstruieren kann.

Zweitens: Die Darstellungsweise der Evangelisten, die die Tendenz haben, die Juden zu belasten, die Römer zu entlasten (letzteres nicht aus Liebe zu den Römern, sondern um die Schuld »der Juden« nachträglich zu verstärken und zu pauschalisieren!).

Drittens: Unsere eigene Perspektive, die durch zweitausend Jahre Kirchengeschichte und den Holocaust geprägt ist und den Blick für die historischen Zusammenhänge beeinflussen kann.

Christen und Juden am Ende des 1. Jh.

Für den zweiten Punkt spielt auch die fortschreitende Notwendigkeit in den christlichen Gemeinden jener Zeit eine Rolle, den Instanzen des römischen Imperiums loyal zu begegnen, weil diese je länger je mehr zur Gefahr für die Christen wurden, denn mit der Ablösung vom Judentum profitierten die Christen nicht mehr von den Privilegien der Juden gegenüber Rom. Diese Tendenz findet sich in der unmittelbaren Rezeption des Markusevangeliums durch Matthäus, Lukas und Johannes – jene drei Evangelien, die gegen Ende des 1. Jahrhunderts verstärkt die Stellung der Christen vor dem Imperium Romanum zu bedenken hatten, und gleichzeitig mit dem feindlicher werdenden Klima gegenüber dem offiziellen Judentum umgehen mussten. So wird der Menschenverächter Pilatus in der christlichen Tradition – ebenfalls ohne historische Anhaltspunkte – immer mehr zu einer positiven Figur hochstilisiert: Er wäscht seine Hände in Unschuld

Pilatus – ein Heiliger?

und wird von den Juden erpresst (im Johannesevangelium); er stellt offiziell die politische Unschuld Jesu fest (im Lukasevangelium); im apokryphen Petrusevangelium spricht sogar der jüdische König Herodes, nicht Pilatus das Todesurteil und gibt auch den Befehl zur Kreuzigung; in den sogenannten Pilatusakten, einer christlichen Schrift, tritt Pilatus als Verteidiger Jesu gegen die Anschuldigungen der Juden auf (Pilatusakten I–IX); von dem römerfreundlichen Bischof Tertullian wird er gar zum Christen erklärt (Apologie 21,24). Schließlich sei noch die sogenannte Pilatus-Paradosis erwähnt, die beschreibt, wie sich Pilatus zum christlichen Märtyrer wandelt, sogar der römische Kaiser ist Christ (daher wohl nach dem 4. Jahrhundert entstanden). Auf dieser Basis gilt Pilatus in der äthiopischen Kirche als Heiliger.

Golgatha

Der Ort der Kreuzigung Jesu, an dem heute die Grabeskirche in der Jerusalemer Altstadt steht, befand sich Anfang des 1. Jh. n. Chr. außerhalb der Stadtmauern am Nordwestende des Zionsberges. Ausgrabungen in der Grabeskirche und ihrer Umgebung haben nachgewiesen, dass dieser Ort tatsächlich als Hinrichtungsort diente. Man hat sogar künstlich angefertigte Aussparungen im Felsen gefunden, in die die Kreuzesstämme hineingestellt wurden. Der Ort trägt den Namen Golgotha-Platz (Mk 15,22), und das Markusevangelium bietet für sein Publikum gleich die Übersetzung: Schädel-Platz (aramäisch: **golgotha** = Schädel). Eine Erklärung für diesen Namen wird nicht gegeben, daher ist seine Interpretation umstritten. Meist wird er auf die Form des Hügels zurückgeführt, der einem Schädel ähnlich gewesen sein soll. Ausgrabungen und Rekonstruktionen des Geländes lassen dies plausibel erscheinen. Die Legende hat den Namen dann auf den Schädel Adams gedeutet, der dort begraben sei – danach ist der »zweite Adam«, Jesus, über dem ersten gekreuzigt. Solche Legenden sind erst ab dem 2./3. Jh. n. Chr. im Umlauf, haben aber in vielen Kreuzigungsdarstellungen ihre Wirkungsgeschichte, indem am Fuße des Kreuzes ein Schädel abgebildet wird.

Von Gott verlassen

Mit den aramäischen Worten: *Mein Gott, mein Gott, warum hast du mich verlassen?* (Mt 27,46) stirbt Jesus. Es handelt sich um den Beginn des Psalm 22, der die Gottverlassenheit Jesu am Kreuz

Albrecht Dürer, Christus am Kreuz

dramatisch zum Ausdruck bringt. Da aber der Psalm mit einem vertrauensvollen Bekenntnis zu Gott schließt, lässt dieser Satz verschiedene Deutungen zu: Von der Klage über die Gottverlassenheit bis hin zum Gebet des gehorsamen Gerechten, der bis in den Tod sein Vertrauen in Gott nicht aufgibt. Letzteres aber ist unwahrscheinlich, da man sonst nicht den Anfang, sondern eben dieses Ende des Psalmes zitiert hätte. Das gilt erst recht, wenn man den Satz am Kreuz für ein echtes Jesuswort hält. Lukas und Johannes – die im übrigen mehr als ein Kreuzeswort nennen – nehmen sich in ihren Evangelien die Freiheit, die letzten Worte Jesu dem sterbenden Gottessohn entsprechend angemessener zu gestalten: *Vater, ich befehle meinen Geist in deine Hände* (Lk 23,46); *Es ist vollbracht* (Joh 19,30).

Zeichen des Todes

Nach dem Markusevangelium wird Jesus mit zwei anderen Verurteilten um die dritte Stunde gekreuzigt, also etwa neun Uhr am Freitagmorgen. Um die neunte Stunde, also gegen drei Uhr nachmittags, stirbt Jesus. Ob diese Zeitangaben den Tatsachen entsprechen, ist eher zweifelhaft, zumal damit ein Drei-Stunden-Schema mit traditionellen apokalyptischen Motiven entfaltet ist: neun Uhr – Kreuzigung; zwölf Uhr – Sonnenfinsternis und Zerreißen des Vorhanges im Tempel; drei Uhr – Tod. Damit sollte wohl die weltverändernde Dimension des Todes Jesu aufgezeigt werden. Wahrscheinlich hat so die christliche Gemeinde diesen Tag in der Erinnerung gegliedert. Bis heute werden zu diesen Stunden Gottesdienste oder Andachten gehalten.

Ein angesehener jüdischer Mann namens Josef von Arimathäa lässt den Leichnam Jesu vom Kreuz abnehmen. Nach Markus 15,42 war er ein Mitglied des Hohen Rates, der es »wagte«, Pilatus darum zu bitten. Angesichts der Möglichkeit, als Sympathisant Jesu ebenfalls verhaftet zu werden, war das in der Tat ein Wagnis. Auf seine Bitte hin wird, entgegen dem Usus der Römer, der Leichnam noch an diesem Tage vom Kreuz abgenommen, was mit dem bevorstehenden Sabbat zusammenhängt: Nach dem jüdischen Gesetz muss ein Toter vor dem Sabbat bestattet werden. Gelegentlich hat Pilatus auf solche Dinge Rücksicht genommen. Zuvor musste allerdings offiziell der Tod festgestellt werden. Auch dies erwähnt Markus. Josef lässt Jesus in ein Felsengrab legen, nachdem er ihn der Sitte entsprechend in ein Tuch gewickelt hat. Vermutlich bedeutet das, dass er Jesus nicht nur vorläufig bestattete, sondern ihn nach den geltenden Vorschriften begrub, was auch eine Salbung des Leichnams umfasste. Wichtig an der Tatsache der Bestattung Jesu

Felsengrab

Eingang zur Grabeskirche

Felsengrab

ist, dass er nicht in einem anonymen Massengrab beerdigt wurde, wie man es – vor allem bei der Hinrichtung vieler Delinquenten – oft getan hat. Dieses Argument spielt bei der Frage nach der Glaubwürdigkeit des Auferweckungszeugnisses meist eine große Rolle. Der oben erwähnte Fund des Gekreuzigten von Giv'at ha-Mivtar beweist, dass auch gekreuzigte Verbrecher nicht immer in Massengräbern verscharrt wurden.

Ostern – Der neue Glaube der Jünger und die Botschaft von der Auferweckung Jesu

Eine alte Tradition

In einem Brief an die Gemeinde in Korinth zitiert der Wandermissionar und Apostel Paulus eine alte christliche Tradition, die den wichtigsten Glaubensinhalt zusammenfasst (1. Kor 15,3–5):

Denn als Erstes habe ich euch weitergegeben, was ich auch empfangen habe: Dass Christus gestorben ist für unsre Sünden nach der Schrift; und dass er begraben worden ist; und dass er auferstanden ist am dritten Tage nach der Schrift; und dass er gesehen worden ist von Kephas, danach von den Zwölfen.

1. Kor 15,3–5

Dieser Tradition entsprechend erzählen auch die Evangelien im Anschluss an den Tod Jesu über seine Auferweckung von den Toten, freilich auf eine ganz andere Weise (Mk 16,1–8):

Und als der Sabbat vergangen war, kauften Maria von Magdala und Maria, die Mutter des Jakobus, und Salome wohlriechende Öle, um hinzugehen und ihn zu salben. Und sie kamen zum Grab am ersten Tag der Woche, sehr früh, als die Sonne aufging. Und sie sprachen untereinander: Wer wälzt uns den Stein von des Grabes Tür? Und sie sahen hin und wurden gewahr, dass der Stein weggewälzt war; denn er war sehr groß. Und sie gingen hinein in das Grab und sahen einen Jüngling zur rechten Hand sitzen, der hatte ein langes weißes Gewand an, und sie entsetzten sich. Er aber sprach zu ihnen: Entsetzt euch nicht! Ihr sucht Jesus von Nazareth, den Gekreuzigten. Er ist auferstanden, er ist nicht hier. Siehe da die Stätte, wo sie ihn hinlegten. Geht aber hin und sagt seinen Jüngern und Petrus, dass er vor euch hingehen wird nach Galiläa; dort werdet ihr ihn sehen, wie er euch gesagt hat. Und sie gingen hinaus und flohen von dem Grab; denn Zittern und Entsetzen hatte sie ergriffen. Und sie sagten niemanden etwas; denn sie fürchteten sich.

Mk 16, 1–8

(vgl. ausführlicher in Mt 28,1–20; noch umfangreicher bei Lk 24, 1–53 und Joh 20–21).

Bei Sonnenaufgang: Frauen am Grab

Am Tag nach dem Sabbat, so erzählt es Markus, gehen Frauen zum Grab in der Absicht, am Leichnam Jesu die Salbung nachzuholen, die an Toten vorgenommen wurde und die man, so setzt es der Bericht voraus, in der Eile der Bestattung vor dem Sabbat nicht vollziehen konnte. Allerdings gestaltet der Erzähler des Evangeliums diese Absicht, um den Gang der Frauen zum Grab Jesu zu motivieren. Das Begräbnis war von Josef von Arimathäa wahrscheinlich bereits ordnungsgemäß ausgeführt worden. Die Frauen kamen vermutlich – auch das ist nicht ungewöhnlich und Motivation genug – zum Beten oder Klagen an das Grab, nachdem sie am vorangehenden Sabbat vielleicht keine Gelegenheit dazu hatten. Nach jüdischer Sitte hat man Gräber drei Tage lang beaufsichtigt, um zu verhindern, dass Scheintote begraben wurden. Man hatte die Vorstellung, dass die Seele sich noch drei Tage im Umkreis des Körpers aufhielt, bevor sie ihn gänzlich verließ. Die Frauen finden aber entgegen ihren Erwartungen das Grab offen, gehen hinein und begegnen einem jungen Mann (bei Matthäus ein Engel). Der spricht sie an und schickt sie fort zu den Jüngern. Doch statt denen das Aufgetragene zu übermitteln, werden die Frauen von Furcht gepackt, die sie zum Schweigen veranlasst – ein Motiv, das in der Tradition oft bei Begegnungen mit Engeln erzählt wird. Mit dem Schweigen der Frauen endet auf bemerkenswerte Weise der Bericht des Markus über die »Osterereignisse«.

Auferweckung Jesu – eine Legende?

Was ist von solchen legendenhaft anmutenden Erzählungen zu halten, die immer wieder Anlass zu skeptischer Polemik gegen den christlichen Glauben an die Auferweckung Jesu geben? Zunächst erscheint es bedeutsam, auf den engen Zusammenhang dieser Auferstehungstexte mit der Passionsgeschichte hinzuweisen. Die Aussage von der Auferweckung Jesu steht immer im Kontext seines Todes. Von der Auferweckung Jesu kann nicht anders geredet werden, als die Auferweckung gleichsam als Verstehenshilfe für die Bedeutung seines Todes zu entfalten. Zwar lässt sich über den Tod Jesu unabhängig von der Frage nach der Auferweckung historisch forschen, bis zu einem gewissen Grade sind auch wahrscheinliche Ergebnisse erreichbar. Von der Auferweckung aber kann nur im Zusammenhang mit seinem Tod die Rede sein. Deshalb ist das Osterfest nicht auf den Ostersonntag begrenzt, sondern spannt einen Bogen der Erinnerung, der von »Palmsonntag« bis zur Osterfeier reicht.

Um sich den Ostereignissen zu nähern, muss zunächst nach dem historisch Fassbaren gefragt werden, nämlich dem weiteren Schicksal der Anhänger Jesu nach dessen Tod. Von dort aus ist zu hinterfragen, was die überlieferten Texte über die Auferweckung Jesu aussagen. Die Voraussetzungen für diese Fragestellung sind:

Verstehensvoraussetzungen

Erstens: Jesus war wirklich tot; sein Tod ist von offizieller Seite festgestellt worden. Er wurde im (Familien-?)Grab eines Sympathisanten beigesetzt, wahrscheinlich war das Grab Jesu bekannt.

Zweitens: Die Jünger reagierten auf seinen Tod mit Furcht, Enttäuschung und Resignation, sie flohen, gewärtig, dasselbe Schicksal zu erleiden, wenn sie weiterhin seine Sache vertreten wollten.

Drittens: Die Möglichkeit, angesichts des Todes Jesu etwas Weiterführendes zu erwarten, lag außerhalb ihrer religiösen Vorstellungen. Es galt auch für sie, was im Gesetz stand: Wer am Kreuz stirbt, ist von Gott verflucht. Von ihm war nach menschlichem Ermessen nichts mehr zu erwarten (5. Mose 21,22f.; Gal 3,13; vgl. Lk 24). Wenn überhaupt etwas Weiterführendes im Blick auf Jesus von Nazareth möglich gewesen wäre, dann am ehesten seine Verehrung als Prophet oder Märtyrer, wie zu dieser Zeit auch andere Propheten an ihren Gräbern verehrt wurden. Gerade zu einer solchen Verehrung ist es jedoch nicht gekommen, obwohl das Grab Jesu bekannt war. Und dennoch traten kurze Zeit nach dem Tod Jesu seine Jünger wieder auf mit der Botschaft: »Gott hat Jesus von den Toten auferweckt«.

Was also, so muss man aufgrund dieser Widersprüchlichkeit fragen, ist nach dem Tod Jesu geschehen, dass die verängstigten und geflohenen Jünger mit einer derartigen Überzeugung auftraten und ihr eigenes Leben für eine nach menschlichem Ermessen absurde Botschaft in Gefahr brachten? Wie konnte eine solche Botschaft so große Wirkungen haben, dass sie bis heute zu Ostern gefeiert wird?

Exkurs: Das methodische Problem der Frage nach der Auferweckung Jesu

Historische Rückfrage und Tendenz der Erzählung

Im Unterschied zum bisherigen Verlauf des Lebens Jesu, worüber es ohnehin nur wenige wirklich sichere Daten gibt, entzieht sich die Auferweckung Jesu fast völlig der historischen Rückfrage. Die Erzählungen der Evangelien sind deutlich von der christlichen Überzeugung geprägt und daher als unhistorische, tendenzielle Schilderungen »verdächtig«. Aber das ist nichts Ungewöhnliches. Historische Rückfrage hat immer mit tendenziellen Einflüssen zu rechnen, die das, was wirklich geschehen ist, aus jeweils einer bestimmten Perspektive erscheinen lassen. Einfacher wird die Rekonstruktion von historischen Ereignissen, wenn es in der Geschichte Analogien, das heißt vergleichbare Vorgänge gibt, mit denen man den Gehalt eines Berichtes prüfen und so zu mehr oder weniger wahrscheinlichen Aussagen kommen kann. Schwieriger ist es bei Ereignissen – und dazu gehört auch die Auferweckung Jesu –, für die es keine echten Analogien gibt.

Die Einzigartigkeit der Auferweckung Jesu wird auch im Neuen Testament immer wieder hervorgehoben. Schon von daher scheint eine historische Rückfrage a priori ausgeschlossen und von den Erzählern auch gar nicht beabsichtigt zu sein, weil sie auf den Glaubensgehalt der Auferweckungsbotschaft Wert legen. Dennoch veranlasst die historisch fassbare Wirkung der Botschaft dazu, nach Indizien zu suchen, die einen Aufschluss über die Ereignisse geben – wenn auch nur einen begrenzten.

Tod, Auferstehung und der Schöpfer

Haben die Anhänger des gekreuzigten Jesus im Horizont ihrer religiösen Überzeugungen wirklich nichts mehr erwartet? Vorstellungen von einem Leben nach dem Tod gehören zum »Urgestein« religiöser Anschauungen der Menschheit und haben unterschiedlichste Formen und Inhalte hervorgebracht. Im Judentum zur Zeit Jesu galt – neben anderen – die grundlegende Überzeugung, dass das Leben der Menschen mit dem Tod nicht einfach spurlos verschwindet, sondern dass die Toten in Gottes Hand ruhen. Am Ende der Zeiten, wenn Gott seine Schöpfung vollenden wird, werden sie wieder auferweckt, auferstehen zu einem unvergänglichen Leben in der Gemeinschaft mit ihrem Schöpfer. Es war einerseits eine gänzlich jenseitige Hoffnung, andererseits aber auch Grund für die diesseitige Ausrichtung des praktischen Glaubensvollzuges, der die Toten und auch das eigene Schicksal getrost in die Hand des Schöpfers abgeben konnte. Auch wenn dies der geeignete Hintergrund zu sein scheint, um die Auferweckung Jesu zu verstehen, so ist doch deutlich, dass eine solche Hoffnung keinen Raum lässt für die Vorstellung, ein Einzelner werde schon vor dem Ende der Zeiten auferweckt, so wie man es von Jesus verkündete.

Brennpunkt: Das leere Grab

Das Streitobjekt

In der Diskussion um die Auferweckung Jesu spielen die Erzählungen der Evangelien vom leeren Grab eine besondere Rolle. Paulus erwähnt es nicht eigens, aber die von ihm zitierte Tradition setzt es voraus. Die Sache mit dem Grab hätte sich erledigt, wäre es nicht leer und der Leichnam Jesu verwest. Dabei müsste man freilich voraussetzen, das Grab sei unbekannt gewesen, denn sonst wäre es Objekt der Verehrung in der christlichen Gemeinde geworden. Doch bereits bei den jüdischen Behörden, die mit dem Tod Jesu zu tun hatten, wurde das Grab zu einem anstößigen Streitobjekt, nicht wegen seiner Bekanntheit oder Unbekanntheit, sondern weil man es leer gefunden hatte. Das hatte zur Folge, die Anhänger Jesu des Leichendiebstahles zu bezichtigen (Mt 28). Von einer Leugnung des **leeren** Grabes ist dabei nicht die Rede. Nun könnte man einwenden, dass das **älteste** Bekenntnis von der Auferweckung Jesu bei Paulus – im Unterschied zu den Evangelien(!) – nichts darüber aussagt, ob das Grab leer oder voll war. Auf dem Hintergrund der Vorstellung von einer **leiblichen** Auferstehung wäre freilich ein Grab, in dem der Leichnam noch liegt und dieses auch nachprüfbar ist, das entscheidende Argument gegen die Botschaft von der Auferweckung Jesu gewesen. Das leere Grab konnte andererseits wegen seiner Missdeutbarkeit ebenfalls nicht als **Beweis** für eine Auferstehung Jesu angeführt werden.

Das hat die frühe christliche Gemeinde auch nie getan, und deshalb spielt es vor allem in der älteren Tradition eine untergeordnete Rolle. Paulus kommt auf das leere Grab nicht ausdrücklich zu sprechen, obwohl es für die Überzeugungskraft seiner Argumentation gegen die Auferstehungsleugner in Korinth einiges Gewicht gehabt hätte. Immerhin könnte man aus diesem Schweigen auch ableiten, das leere Grab sei eine selbstverständliche Voraussetzung gewesen, die keiner weiteren Erwähnung bedurfte. Aber so weit sollte man gar nicht gehen, auch nicht so weit zu sagen, Paulus habe die Erzähltraditionen über das leere Grab nicht gekannt. Das leere Grab erhält erst in der späteren Tradition eine gewisse Bedeutung, und zwar in einem Sinne, der bei Paulus und seiner Tradition noch fehlt, indem nunmehr die Botschaft von der Auferweckung Jesu durch Gott mit dem Hinweis auf das leere Grab **unterstützt** wird. So jedenfalls bei Markus und den ihm folgenden Traditionen der Evangelien.

Realismus und Leiblichkeit

Das Problematische an den Überlieferungen vom leeren Grab ist der damit verbundene **Realismus** der Auferweckungsaussage, der alle symbolischen oder psychologischen Verstehensversuche von vornherein unmöglich erscheinen lässt. **Mythen und Geschichten** von sterbenden und auferstehenden Göttern und Heroen gab es in der Antike zahlreich. Das eigentliche Problem ist also religionsgeschichtlich gesehen nicht die Auferweckungsaussage als solche, sondern die Vorstellung von einer »leiblichen« Auferweckung. Die Frage im Blick auf das Problem der Leiblichkeit der Auferweckung ist freilich, welche Überlieferung für das Verstehen heute den Vorrang hat: Die erzählerische Darstellung der Evangelien oder die ältere Tradition des Paulus. Diese wichtige Frage muss eindeutig zugunsten der älteren Tradition beantwortet werden, die Paulus bewahrt hat. Das bedeutet: Der Hinweis auf das leere Grab in den Evangelien trägt für die Frage nach der Leiblichkeit der Auferweckung nichts aus, weil er in eine Richtung lenkt, die von Paulus und der älteren Tradition gerade nicht intendiert wird. Das leere Grab in den Evangelien erweist sich vielmehr auf diesem Hintergrund als das einzig mögliche narrative Element, die unglaubliche Wirklichkeit der Auferweckung Jesu durch Gott als Teil der Jesus-Geschichte zu **erzählen**. Das leere Grab ist daher keine historische Erinnerung, sondern ergibt sich als ein konsequentes erzählerisches Mittel, um das auszusagen, was bei Paulus theologisch entfaltet wird: die Leiblichkeit der Auferweckung.

Die Missverständlichkeit eines »Faktums«

Und weiter: Das leere Grab ist sofort ein Problem, sobald man es in die Erzählung des Evangeliums einbringt, weil es gerade **nicht** die Auferweckung **bezeugt**, sondern vieldeutig bleibt, wobei sein Verständnis als Hinweis auf die Auferweckung geradezu ausgeschlossen erscheint: Bei Markus fliehen die Frauen voller Furcht vom Grab; bei Matthäus wird eine Betrugsthese seitens der Jerusalemer Priesterschaft erwähnt, die Jünger hätten den Leichnam gestohlen, um die Auferweckung zu behaupten; bei Lukas weckt die Nachricht vom leeren Grab Gespött (!) unter den Jüngern und die Besichtigung des Grabes selbst ratloses Erstaunen; bei Johannes führt das Grab bei Maria von Magdala zur Annahme, der Gärtner habe Jesus woanders hingebracht und bei den Jüngern – ähnlich wie bei Markus – Furcht und Unglauben.

Weg der Erkenntnis

Doch wie kamen die Apostel zur Überzeugung, dass Gott Jesus von den Toten auferweckt hat? Und: In welcher Weise wird ihr jüdischer Gottesglaube dadurch verändert? Wenn man sich die Texte vor Augen führt, dann wird deutlich: Die Auferweckung Jesu dient nicht als Beweis dafür, dass es eine allgemeine Totenauferweckung geben wird, oder gar als Gottesbeweis! Beides war im Judentum zur Zeit Jesu verbreitetes Allgemeingut, wenn auch das erstere nicht bei allen jüdischen Glaubensrichtungen. Damit sind zugleich andere Verstehensvoraussetzungen gegeben als heute. Das frühe Bekenntnis »Gott hat Jesus, den Gekreuzigten, von den Toten auferweckt« ist für die Apostel vielmehr der Ausgangspunkt für die interpretierende Erkenntnis, dass der Tod Jesu ein von Gott anerkannter stellvertretender Tod für die Menschen ist, die der Botschaft von der Nähe Gottes und damit Gott selbst feindlich gegenüberstanden und gegenüberstehen. Das ist der Zusammenhang, den das alte Bekenntnis mit der Wendung »gestorben für unsere Sünden« benennt und den Paulus vor allem im Römerbrief (3–6) ausführlich darlegt. Der

Bekehrung des Paulus, Buchmalerei, 9. Jh.

Zusammenhang zwischen den Sünden der Menschen und der Auferweckung Jesu ist denn auch eines der Grundanliegen von Paulus (1. Kor 15,17f.):

1. Kor 15, 17f.

Ist Christus aber nicht auferstanden, so ist euer Glaube nichtig, so seid ihr noch in euren Sünden; so sind auch die, die in Christus entschlafen sind, verloren.

Erkenntnis und Befreiung

Inhalt des Glaubens ist also nicht die Auferweckung Jesu selbst, sondern die **Befreiung** von den Sünden durch Gottes Zuspruch, dessen Vertrauenswürdigkeit in der Auferweckung begründet liegt. Dass es sich um eine neue und die bisherigen Erfahrungen verändernde Glaubenserkenntnis handelt, spricht Paulus in 2. Korinther 4,5f.* deutlich aus: Die Erscheinungen bewirkten ein *Erleuchtetwerden zur Erkenntnis der Klarheit Gottes angesichts Jesu Christi.* Oder anders gesagt: Die Auferweckung Jesu durch Gott ist Zeichen dafür, dass Gott den Menschen tatsächlich die Möglichkeit einräumt, vor ihm ein rechtes, gerechtfertigtes Leben zu führen, das nicht mehr unter dem lebenszerstörenden Machteinfluss der Sünde stehen muss (vgl. Röm 4,25*: *Christus ist dahingegeben worden wegen unserer Übertretungen und er wurde auferweckt wegen unserer Rechtfertigung*). Die Auferweckung Jesu durch Gott ist daher theologisch gesehen die Zusage, dass dieses von Gott zugesprochene Heil wirklich gültig ist und der Mensch ein neues, befreites Leben vor Gott führen kann.

Glauben und Vertrauen

Das ist es, was die Apostel durch die Erscheinungen Jesu erkannten und das ist es, was ihren Glauben an Gott verändert hat: Glauben ist wesentlich das Vertrauen darauf, dass Gottes unbedingte Heilszusage tatsächlich auch gilt. Insofern ist christlicher Glaube in erster Linie als Vertrauen auf Gottes Zusage zur Sprache zu bringen, und nicht als ein »Glauben an etwas« im Sinne eines Fürwahrhaltens: weder, dass das Grab voll oder leer war, noch Glaube daran, dass die Auferweckung Jesu die Wiederbelebung eines Leichnams war. Wenn aber die Glaubwürdigkeit der Verheißung Gottes, die Rechtfertigung des Menschen und die Möglichkeit eines neuen Lebens und neuer Hoffnung an der Auferweckung Jesu hängen, dann ist gerade nicht nach dem leeren oder vollen Grab zu fragen, sondern nach dem Realitätsgehalt der Auferweckungsaussage selbst.

Gott, der die Toten auferweckt

Wie also kommt es zu dieser Aussage »Gott hat Jesus von den Toten auferweckt«, die im Neuen Testament so breit bezeugt ist (Röm 10,9; 1. Thess 1,10; Apg 3,15; 4,10; 13,30), und die gleichsam zur Identifikation Gottes wird? In Anlehnung an die jüdischen Vorstellungen von der endzeitlichen Totenauferweckung durch Gott bezieht die frühe Christenheit dies auf Christus: Der Gott, auf den die Christen vertrauen, ist identifizierbar als der Gott, der Jesus von den Toten auferweckt hat (so in 2. Kor 4,14;

Röm 4,24; 8,11; Gal 1,1 u.ö.). Dieses christliche Attribut Gottes ersetzt das alttestamentliche: »der uns aus Ägypten führte«. Beide Bekenntnisformulierungen beziehen sich auf das Heilshandeln Gottes zugunsten seines Volkes. An den Auszug aus Ägypten erinnert das Passafest, an die Auferweckung Jesu als Grundlage der Befreiung des Menschen erinnert das Fest der Auferweckung Jesu.

Der Tod Jesu war keine Täuschung

Aufgrund der Wirkungsgeschichte muss man zunächst fragen, was nach dem Tod Jesu geschehen ist, dass die Jünger mit einem solchen neuen Gottesverständnis auftraten. Sie haben damit »Kopf und Kragen« riskiert. Ausgehend von diesen Voraussetzungen stellt nicht das leere Grab, sondern das Erscheinen Jesu vor seinen Jüngern die nach menschlichem Ermessen unumkehrbare Todeserfahrung infrage. Unter diesen Bedingungen bringt der Glaube an die Auferweckung Jesu eine fundamentale Spannung zweier Sachverhalte zum Ausdruck, »die für die Erscheinungszeugen je für sich unbestreitbar waren, da sie gewiss waren, beides erfahren zu haben: dass Jesus am Kreuz gestorben war und dass er ihnen als lebender Herr wirkkräftig erschienen war« (Ingolf U. Dalferth).

Die Erscheinungen bewirkten nämlich nicht, dass die erste Erfahrung korrigiert wurde, etwa, dass man sich hinsichtlich seines Totseins getäuscht hätte: Des Todes Jesu blieb man sich genauso gewiss wie der Erfahrung seiner Lebendigkeit.

Die Lösung dieser Spannung, die die Apostel erkannt haben, ist die am meisten unwahrscheinliche: Sie problematisieren ihre widersprüchlichen Erfahrungen nicht oder halten sie für unglaubwürdig, sondern finden eine in neuer Weise kreative Lösung: Ihre Auferweckungsbotschaft behauptet nicht die Wiederbelebung eines Leichnams, sondern die Auferweckung in ein Leben, das **von der irdischen Wirklichkeit gänzlich unterschieden** ist. Zur Veranschaulichung greift Paulus auf ein Bild zurück, weil die Wirklichkeit dieser Erfahrung nicht anders gesagt werden kann (1. Kor 15,35–44):

Es könnte aber jemand fragen: Wie werden die Toten auferstehen und mit was für einem Leib werden sie kommen? Du Narr: Was du säst, wird nicht lebendig, wenn es nicht stirbt. Und was du säst, ist ja nicht der Leib, der werden soll, sondern ein bloßes Korn, sei es von Weizen oder etwas anderem. Gott aber gibt ihm einen Leib, wie er will, einem jeden Samen seinen eigenen Leib … So auch die Auferstehung der Toten: Es wird gesät verweslich und wird auferstehen unverweslich. Es wird gesät in Niedrigkeit und wird auferstehen in Herrlichkeit. Es wird gesät in Armseligkeit und wird auferstehen in Kraft. Es wird gesät ein natürlicher Leib und wird auferstehen ein geistlicher Leib. 1. Kor 15, 35–44

Samenkorn als Bild

Ein Samenkorn wird erst zu einer neuen Pflanze, wenn es zuvor seine Korn-Gestalt, seine »alte Leiblichkeit« verliert. Es ist ein Bild der Verwandlung in etwas, das es vorher nicht gab. Aber es muss **ein Bild** bleiben und als solches auch verstanden werden, weil das abgebildete Geschehen der (be-)greifbaren Wirklichkeit entzogen ist.

Leiblichkeit und Körperlichkeit

Die Frage nach der Leiblichkeit der Auferweckung des gekreuzigten Jesus bedenkend, muss man differenzieren zwischen **Leiblichkeit und Körperlichkeit**, wie Paulus in seiner bildhaften Sprache. Körperlichkeit ist von der Todverfallenheit irdischer Existenz geprägt und deshalb vergänglich. Alles, was heilvolles Zusammensein, Mitsein und Fürsein des Menschen zu anderen durchkreuzt und Beziehungen zerstört, findet im Tod seinen stärksten Ausdruck. Insofern entspricht der Tod der beziehungszerstörenden Verfallenheit des Menschen. Demgegenüber bezeichnet Leiblichkeit in biblischer Sprache positiv die Möglichkeiten des Menschen, Beziehungen einzugehen und sie zu erhalten, und zwar so, dass sie dem Leben förderlich sind. Paulus legt darauf großen Wert, gerade solchen Kritikern gegenüber, die auf dem Hintergrund ihrer griechischen Traditionen den Leib in einer Weise missachteten, dass die Beziehungen innerhalb der Gemeinde geradezu bedrohlich wurden. Leiblichkeit meint daher nicht nur die Möglichkeit, identitätsstiftende und lebensförderliche Beziehungen einzugehen, sondern sie ist geradezu die Voraussetzung dafür.

Leben in Beziehung

Die Aussage von der Leiblichkeit der Auferstehung ist also zuerst eine Aussage darüber, dass es um die Beziehungshaftigkeit und die bleibende Identität des Menschen geht, über den Tod hinaus. Das gilt vor allem Gott gegenüber, aber auch gegenüber den Menschen, mit denen man bisher verbunden war. Die Erzählungen über Erscheinungen Jesu nach seinem Tod machen dieses Anliegen anschaulich. Diese Hoffnung und Erwartung gilt für Jesus genauso wie für alle, die im Vertrauen auf Gottes schöpferisches Handeln ihr Leben begründen und führen und so auch beenden. Denn diese so verstandene Leiblichkeit als Voraussetzung für die bleibende Gottesbeziehung wird in 1. Korinther 15 ja gerade auf **die** Menschen angewendet, die sterben, und zwar richtig sterben, einschließlich der Verwesung der körperlichen Substanz, ohne dass die Möglichkeit einer Auferweckung ausgeschlossen wäre. Warum, so kann man fragen, sollte es bei der Auferweckung des gekreuzigten Jesus anders sein? Allein daran wird schon deutlich, dass die Leiblichkeit des neuen Auferstehungslebens nicht als Wiederbelebung eines Leichnams verstanden werden kann. »Christus könnte von Paulus nicht als der bekannt werden, der als erster der Entschlafenen von den Toten auferweckt ist (1. Kor 15,20), wenn er nicht genau so tot gewesen wäre wie die übrigen Entschlafenen – und das schließt die Verwesung des Leibes faktisch ein … Wäre es unmöglich, dass der auferweckte Gekreuzigte im Grab verwest ist, wäre er kein Grund für die Hoffnung auf unsere Auferweckung in Gottes Leben« (Dalferth).

Literaturhinweis: Ingolf U. Dalferth, Volles Grab, leerer Glaube? Zum Streit um die Auferweckung des Gekreuzigten, Zeitschrift für Theologie und Kirche 95, 1998, S. 379–409.

War das Grab voll oder leer?

Noch einmal zurück zu der Frage nach dem Grab: Ist Jesus auferstanden, **weil** das Grab leer war? Die Widerlegung der Grabes-Tradition könnte nur dann den Osterglauben infrage stellen, wenn das volle Grab die Erfahrungen der Jesus-Erscheinungen unmöglich machen würde. Das wäre aber nur dann der Fall, wenn es um die Wiederbelebung eines Leichnams ginge, was definitiv nicht der Fall ist und auch vom frühchristlichen Bekenntnis nicht vorausgesetzt wurde. Für ein angemessenes Verständnis des Bekenntnisses von der Auferweckung Jesu ist es – um mit den Worten eines der großen Theologen unsere Jahrhunderts, Karl Barth, zu reden – tatsächlich bedeutungslos, ob das Grab Jesu leer oder voll war. Denn weder beweist das Eine die Realität der Auferweckung, noch widerlegt sie das Andere. Die Botschaft von der Auferweckung Jesu ist vielmehr die Lösung, mit der die Apostel die Spannung zwischen ihren unvereinbaren Erfahrungen (Kreuzigung – Erscheinungen) auflösten. Und man kann hinzufügen: Wenn sie nicht einer ihrer Erfahrungen misstrauen wollten, dann war diese Lösung die einzig mögliche und geradezu notwendig.

Deshalb ist die Botschaft von der Auferweckung Jesu auch ein Plädoyer dafür, menschliche Erfahrung in ihrer Widersprüchlichkeit gelten zu lassen und nach Wegen des Glaubens und des Lebens zu suchen, die jenseits der »eingefahrenen Gleise« liegen. Die Botschaft und das Bekenntnis von der Auferweckung Jesu durch Gott ist die Konsequenz einer Spannung, die die Gegensätzlichkeiten menschlicher Erfahrungen gerade nicht ausschaltet, sondern sie ernst nimmt und sie theologisch **miteinander im Zusammenhang** reflektiert und verbindet. Insofern spiegelt das Bekenntnis der Auferweckung Jesu menschliche Wirklichkeit, indem sie die Widersprüchlichkeit der weltlichen Existenz vor Gott unter den Bedingungen ihrer Zeit angemessen zur Sprache bringt. Diese Hoffnung vertraut auf Gottes Schöpfersein.

Eine neue Perspektive

Wie die Auferweckung Jesu, so beruht auch der Glauben nicht auf Vorgängen, Ereignissen oder Orten, die in Raum und Zeit verifizierbar oder beweisbar wären, sondern im Vertrauen auf das neuschöpferische Handeln Gottes. Dass den Menschen die Botschaft von der Kreuzigung und der Auferweckung Jesu »durchs Herz geht« (Apg 2,37) und sie daraufhin ein neues Leben mit neuen Maßstäben, neuer Hoffnung und neuer Lebensfreude beginnen, ist nicht »machbar«. Es ist unter den Bedingungen der menschlichen Existenz auch nicht plausibel. Und dennoch geschieht es, und wo es geschieht, kann man die wohl größte Last des Lebens vertrauensvoll Gott überlassen und das Leben befreit leben. Die Botschaft des Osterfestes von der Auferweckung Jesu bezeugt – auch und vielleicht gerade in all ihrer Anfechtbarkeit –, dass das Leben aller Menschen letztlich mit Gott verbunden ist und mit ihm verbunden bleibt. Gott hat den von den Menschen gekreuzigten Jesus auferweckt. Er hat ihn in eine neue, von den Mächten des Todes befreite Beziehung zu den Menschen gesetzt und verleiht damit dem Leben jedes Menschen eine Perspektive, die einerseits weit über den Horizont dieser Welt hinausgeht, aber andererseits mit dem Kreuz zutiefst in dieser Welt seine Wurzeln hat und auf diese Welt und die Menschen in ihr zurückweist.

Himmelfahrt – Tag des Abschieds und neuer Perspektiven

Zur Einführung

»Herrentag«

Bereits für das Osterfest war eine »Säkularisierung« festgestellt worden. Christliche Inhalte werden durch allgemeine, oft gefühlsbetonte Vorstellungen ersetzt, die mit dem Ursprung der Feste nicht mehr viel gemeinsam haben. Sehr massiv betrifft dieses Phänomen den sogenannten »Himmelfahrtstag«: Manche nennen ihn einfach Vatertag und sehen darin ein Pendant zum Muttertag. Viele gehen mit Pferdewagen oder zu Fuß auf eine »Männertour«. Während die Erinnerung an den Tod Christi zu Ostern immerhin noch mit einem Datum der Geschichte verbunden ist, versteht man eine »Himmelfahrt« – vergleichbar mit der Auferweckung – als eine religiöse Absurdität, nicht der Rede oder gar der Erinnerung wert. Der Inhalt dieses Tages erschließt sich freilich erst in seinem Zusammenhang nach »hinten« zum Osterfest und nach »vorn« zum Pfingstfest.

Geschichtliches

Himmelfahrt und Ostern

Der Himmelfahrtstag ist erst spät als eigenständiger Feiertag begangen worden. Sein Inhalt jedoch reicht bis in die Anfangszeit der christlichen Tradition zurück, denn die Vorstellung von der »Auffahrt« Christi »in den Himmel« war ursprünglich eng mit der Osterfeier verbunden. Die Auferweckung Jesu wurde als Aufnahme in die himmlische Welt verstanden. Der nächste Schritt zur Verselbständigung war die Verbindung des Himmelfahrtsgedenkens mit dem Pfingstfest, das man zuerst in Jerusalem fünfzig Tage nach Ostern feierte. Erst gegen Ende des 4. Jahrhunderts begannen manche Gemeinden, den Himmelfahrtstag vierzig Tage nach Ostern und damit zehn Tage vor dem Pfingstfest zu feiern. Eines der ältesten Zeugnisse dafür ist eine Predigt des Johannes Chrysostomus (Bischof von Konstantinopel, 354–407) aus dem Jahre 386; das Fest selbst dürfte schon einige Zeit vorher aufgekommen sein. Die Zeit der vierzig Tage nach Ostern ergibt sich aus der Himmelfahrtserzählung im ersten Kapitel der Apostelgeschichte, wonach Jesus nach seiner Auferweckung seinen Anhängern vierzig Tage lang erschien und dann in den Himmel »aufgenommen« wurde. Darauf ist gleich näher einzugehen. Umfassende Verbreitung fand das Himmelfahrtsfest – wohl wegen seiner unstrittigen biblischen Begründung – relativ schnell im Verlauf des 5. Jahrhunderts.

Der Begriff »Himmelfahrt«

Ein menschlicher Begriff

Die Bezeichnung des Himmelfahrtstages ist anschaulich. Im Glaubensbekenntnis der Kirche heißt es über Jesus Christus nach seinem Tod und seiner Auferweckung schlicht in einer kurzen Formel: »… aufgefahren in den Himmel, er sitzt zur Rechten Gottes, des allmächtigen Vaters …« Der Himmelfahrtstag beinhaltet das Gedenken an die Aufnahme Jesu in die himmlische Welt, und das meint: zu Gott. Doch was ist damit gesagt?

Der biblische Hintergrund des Himmelfahrtsfestes

Die Erzählung des Lukas

Nach dem Abschluss seines Evangeliums mit der Botschaft von der Auferweckung Jesu schreibt Lukas am Anfang des zweiten Teils seiner Gesamtdarstellung der Geschichte des frühen Christentums (das so genannte »Lukanische Geschichtswerk«) folgende Erzählung (Apg 1,1–12):

Den ersten Bericht habe ich gegeben, lieber Theophilus, von all dem, was Jesus von Anfang an tat und lehrte bis zu dem Tag, an dem er aufgenommen wurde, nachdem er den Aposteln, die er erwählt hatte, durch den Heiligen Geist Weisung gegeben hatte. Ihnen zeigte er sich nach seinem Leiden durch viele Beweise als der Lebendige und ließ sich sehen unter ihnen vierzig Tage lang und redete mit ihnen vom Reich Gottes. Und als er mit ihnen zusammen war, befahl er ihnen, Jerusalem nicht zu verlassen, sondern zu warten auf die Verheißung des Vaters, die ihr, so sprach er, von mir gehört habt; denn Johannes hat mit Wasser getauft, ihr aber sollt mit dem Heiligen Geist getauft werden nicht lange nach diesen Tagen. Die nun zusammengekommen waren, fragten ihn und sprachen:

Herr, wirst du in dieser Zeit wieder aufrichten das Reich für Israel? Er sprach aber zu ihnen: Es gebührt euch nicht, Zeit oder Stunde zu wissen, die der Vater in seiner Macht bestimmt hat; aber ihr werdet die Kraft des Heiligen Geistes empfangen, der auf euch kommen wird, und werdet meine Zeugen sein in Jerusalem und in ganz Judäa und Samarien und bis an das Ende der Erde. Und als er das gesagt hatte, wurde er zusehends aufgehoben, und eine Wolke nahm ihn auf vor ihren Augen weg. Und als sie ihm nachsahen, wie er gen Himmel fuhr, siehe, da standen bei ihnen zwei Männer in weißen Gewändern. Die sagten: Ihr Männer von Galiläa, was steht ihr da und seht zum Himmel? Dieser Jesus, der von euch weg gen Himmel aufgenommen wurde, wird so wiederkommen, wie ihr ihn habt gen Himmel fahren sehen. Da kehrten sie nach Jerusalem zurück von dem Berg, der heißt Ölberg und liegt nahe bei Jerusalem, einen Sabbatweg entfernt.

Apg 1, 1–12

Neben diesem Text wird die Himmelfahrt Christi nur noch an zwei Stellen des Neuen Testaments ausgesagt. Die eine – auf die der Text der Apostelgeschichte selbst zurückweist – steht am Ende des Lukasevangeliums (Lk 24,50–53):

Er führte sie aber hinaus bis nach Betanien und hob die Hände auf und segnete sie. Und es geschah, als er sie segnete, schied er von ihnen und fuhr auf gen Himmel. Sie aber beteten ihn an und kehrten zurück nach Jerusalem mit großer Freude und waren allezeit im Tempel und priesen Gott.

Lk 24,50–53

Die Ähnlichkeiten dieses Textes zur Version der Apostelgeschichte resultieren daraus, dass dieser Abschluss des einen Werkes am Anfang des zweiten wieder aufgegriffen und ausführlicher geschildert wird.

Die zweite Stelle ist nur eine kurze Notiz am Ende des Markusevangeliums. Sie gehörte nicht zum ursprünglichen Evangelium hinzu, sondern wurde erst später ergänzt und widerspiegelt die weiterführende Wirkungsgeschichte, nicht mehr die Ursprünge der Vorstellung selbst (Mk 16,19f.):

Nachdem der Herr Jesus mit ihnen geredet hatte, wurde er aufgehoben gen Himmel und setzte sich zur Rechten Gottes. Sie aber zogen aus und predigten an allen Orten. Und der Herr wirkte mit ihnen und bekräftigte das Wort durch die mitfolgenden Zeichen. Mk 16,19f.

Die ausführlichste und wirkungsgeschichtlich bedeutsamste Version des Lukas ist diejenige am Anfang der Apostelgeschichte. Auffällig ist, dass nur Lukas eine solche Geschichte erzählt. Alle anderen Evangelien kommen ohne sie aus. Absicht des Lukas war es, die Ursprünge des christlichen Glaubens und die Entstehung und Entwicklung der ersten christlichen Gemeinden nachzuzeichnen. Zu diesem Zweck entwirft der Verfasser ein zeitliches Konzept: Die Wirkungszeit des Jesus von Nazareth endet eigentlich mit seinem Tod und seiner Auferweckung, aber Lukas versteht die sich entwickelnde Kirche als konsequente Fortführung dieser Lebensgeschichte Jesu. Die Erzählung von der Himmelfahrt bietet – in ihrer Verbindung mit der Pfingstgeschichte – an einer »Schaltstelle« der Darstellung eine anschauliche Begründung dafür, dass es überhaupt zu einer neuen Glaubensbewegung gekommen ist, einer Bewegung, die man erst geraume Zeit nach ihrer Konsolidierung – von außen(!) – nach ihrer Hauptperson Christus benannte: **christianoi** – Christen (Apg 11,26).

Eine Schaltstelle der Erzählung

Um die Geschichte von der »Himmelfahrt« Jesu angemessen verstehen zu können, müssen grundsätzliche Verstehensvoraussetzungen erläutert werden. Auch im Blick auf die Himmelfahrtsvorstellung gilt, dass sich unsere heutigen rationalen, auf historischen Realitätsgehalt einseitig fixierten Denkmaßstäbe von denen der neutestamentlichen Autoren erheblich unterscheiden.

Brennpunkt: Ein modernes Verstehenshindernis

Das Problem der Anschaulichkeit

Wie bereits beim Verständnis der Osterbotschaft gilt es auch bei der Himmelfahrt Jesu zu berücksichtigen, dass sie zwar realistisch-gegenständlich geschildert wird, ihr Aussagegehalt aber mit diesen Kategorien nicht zu erfassen ist. Die Anschaulichkeit der Darstellung ist daher ein Problem, das durch künstlerische Abbildungen dieser Szene oft verstärkt wird. Damit befördern sie für rationalistisch Denkende den Eindruck der religiösen Phantasterei.

Bartholomäus Spranger, Auferstehung, 1576

Historische Tatsachen oder anschauliche Bilder

Doch es ist ein Missverständnis zu meinen, die Autoren dieser Texte hätten erwartet, dass ihre Darstellung für die Wiedergabe eines historischen Geschehens – vielleicht gar nach unseren Maßstäben – zu halten sei. In der Antike wusste man wohl zu unterscheiden zwischen realem Geschehen und symbolischen Erzählungen, deren **darstellende Anschaulichkeit** keine bewusste Irreführung intendiert, sondern auf eine Wirklichkeit hinweist, die in Raum und Zeit nicht greifbar ist und dennoch lebensbestimmend wirkt. Das erzählte Geschehen wird somit zu einer im wahren Sinn des Wortes bildlichen Darstellung von Wirklichkeit, über die nicht anders als in anschaulichen Bildern geredet werden kann. Zwischen anschaulicher Bildhaftigkeit, die bestimmte, dem materiellen Zugriff entzogene Dimensionen der Wirklichkeit erschließt und **gegenständlicher** Wirklichkeit im engen Sinne wusste man daher zu unterscheiden. Die Rationalität der modernen Welt erhebt zwar den Anspruch, Wirklichkeit umfassend zu erklären und zu beschreiben, in Wahrheit aber führt dieser Anspruch zu einer Reduktion der Wirklichkeit, wodurch der Mensch seinen Platz in der rational dominierten Welt und seine Existenz nicht mehr umfassend begreifen kann. Die Folgen solcher Reduktion der Wirklichkeit sind bemerkenswert und haben im Wesentlichen drei Ausprägungen: Zum einen die strikte und prinzipielle Ablehnung alles dessen, was nicht in ein rein rationalistisches Konzept passt; zum anderen – als Gegenreaktion darauf – ein religiöser Fundamentalismus nach dem Motto: »Und die Bibel hat doch Recht«. Jenseits solcher Alternativen gibt es nach der modernen Ent-Mythisierung eine fortschreitende Re-Mythisierung der Welt – ein Versuch, die verlorenen Tiefendimensionen neu zu erschließen und so eine Sinngebung menschlicher Existenz zu versuchen.

Verstehen von Wirklichkeit

Exkurs: Himmelfahrt im Kontext antiker Vorstellungen

Antike Vorstellungen

Die Vorstellung von der Himmelfahrt eines Menschen ist keine Erfindung der christlichen Überlieferung. Vielmehr konnten die christlichen Autoren auch hier wieder auf bekannte Erzählmuster der antiken Welt zurückgreifen. Die Verbreitung reicht von den Mythen des Vorderen Orients über Ägypten bis hin zum Alten Testament, dem frühen Judentum und der griechisch-römischen Welt. Im Folgenden einige Beispiele:

Romulus

Der erste Text erzählt von der Entrückung des Feldherren Romulus, des legendären Gründers der Stadt Rom. Durch seine Ent-

Albrecht Dürer, Himmelfahrt Christi

rückung in den Himmel wird er den Göttern gleich. Bemerkenswert sind hier bereits verschiedene Motive, die an die Darstellung der Himmelfahrt Jesu in der Apostelgeschichte erinnern (Livius [59 v.–17 n. Chr.] Römische Geschichte I, 16).

Als Romulus, um das Heer zu mustern, auf dem Feld beim Ziegensumpf eine Volksversammlung abhielt, entstand plötzlich ein Unwetter mit furchtbarem Getöse und Donnerschlägen. Es bedeckte den König mit einer so dichten Wolke, dass es seine Gestalt den Blicken der Volksversammlung entzog. Danach war Romulus nicht mehr auf Erden ... Das römische Volk verharrte lange in traurigem Schweigen, ... denn leer sah es den Thron des Königs – wenn es auch den Senatoren, die in nächster Nähe gestanden hatten, glaubte, dass Romulus entrückt worden sei. Darauf machten einige den Anfang, und schließlich huldigten alle Romulus als einem Gott, von Gott gezeugt, als König und als Vater der Stadt Rom.

Der Schriftsteller und Philosoph Seneca (4 v.–65 n. Chr.) parodiert eine volkstümliche Überlieferung von der Himmelfahrt des Kaisers Claudius:

Claudius

Was sich am 13. Oktober [dem Todestag des Claudius] im Himmel zutrug, im ersten Jahr einer neuen Zeitrechnung, ... das will ich der Nachwelt zur Erinnerung überliefern ... Falls einer fragen sollte, woher ich mein Wissen habe, so werde ich, wenn ich nicht will, zunächst gar nicht antworten. ... Wenn es aber doch nötig sein sollte, einen Bürgen vorzuführen, so möge man den fragen, der schon Drusilla [Schwester des Kaisers Caligula] einst zum Himmel auffahren sah. Der wird dann auch beteuern, er habe Claudius »humpelnden Schritts« auf seiner Reise zum Himmel gesehen. Schließlich muss er doch, ob er will oder nicht, alles sehen, was im Himmel vorgeht: Er ist nämlich Oberaufseher auf der Via Appia, auf der, wie man weiß, bereits der göttliche Augustus und Kaiser Tiberius ins Reich der Götter eingegangen sind. (Seneca, Apocolocyntosis [griechisch: »Verkürbissung«, entspricht etwa »Veräppelung«] 1,1f.)

Münze des Kaisers Claudius

Ein Kabarettstück

An diesem »Kabarettstück« des Seneca werden verschiedene Aspekte deutlich. Einerseits zeigt er, dass die Vorstellung von einer Himmelfahrt in volkstümlicher Religiosität verbreitet war. Hinzu kommt, dass man vor allem Kaisern nicht nur eine göttliche Geburt (siehe Weihnachten), sondern oft auch ein Auffahren in den Himmel, zu den Göttern nachsagte. Und schließlich erfahren wir, dass zumindest die Gebildeten solche Geschichten nicht für reale historische Vorgänge hielten. Hier wird dies anschaulich durch die Erwähnung einer Behinderung des Claudius, durch die eine Himmelfahrt – wollte man sie sich realistisch vorstellen – eher zu einem Komödienstück geraten würde.

Elia

Der nächste Text findet sich im Alten Testament, eine Himmelfahrtsgeschichte über den Abschied des Propheten Elia von seinem Schüler Elisa, die für den Vergleich mit der Himmelfahrt Jesu besonders wichtig ist (2. Kön 2,1–15):

Als aber der Herr Elia im Wetter gen Himmel holen wollte, gingen Elia und Elisa von Gilgal weg … Und es gingen die beiden miteinander … (und) standen am Jordan. … Und als sie hinüberkamen, sprach Elia zu Elisa: Bitte, was ich dir tun soll, ehe ich von dir genommen werde. Elisa sprach: Dass mir zwei Anteile von deinem Geiste zufallen. Er sprach: Du hast Schweres erbeten. Doch wenn du mich sehen wirst, wie ich von dir genommen werde, so wird's geschehen; wenn nicht, so wird's nicht sein. Und als sie miteinander gingen und redeten, siehe, da kam ein feuriger Wagen mit feurigen Rossen, die schieden die beiden voneinander. Und Elia fuhr im Wetter gen Himmel. Elisa aber sah es …

2. Kön 2, 1–15

Henoch

Der folgende Abschnitt aus einer frühjüdischen Schrift beschreibt in einer Vision die Entrückung einer Gestalt namens Henoch. Schon im Alten Testament wird dessen Entrückung kurz erwähnt, aber der folgende Text führt dies in einer Vision weiter:

Und danach geschah es, dass sein Name [Henoch] bei Lebzeiten erhoben wurde … zu dem Herrn der Geister, weg von denen, die auf Erden wohnen. Und er wurde auf Wagen des Geistes erhoben, und sein Name verschwand unter ihnen … (Äthiopisches Henochbuch LXX, 1–2)

Und schließlich ein letzter Text von dem jüdischen Autor Flavius Josephus (1./2. Jh. n. Chr.) über die Himmelfahrt des Mose (Flavius Josephus, Jüdische Altertümer IV, 8 [um 116 n. Chr.]):

Mose

Als Mose am Ende seines Lebens so gesprochen und jedem Stamm unter Segenswünschen sein künftiges Schicksal mitgeteilt hatte, brach das Volk in Tränen aus ... Als er nun wegging zu dem Ort, wo er dem Anblick entrückt werden sollte, folgten ihm alle weinend nach. Mose aber winkte den weiter Entfernten mit der Hand, dass sie ruhig stehen bleiben sollten. Die ihm näher Stehenden hingegen ermahnte er, sie sollten ihm den Abschied nicht noch mehr erschweren dadurch, dass sie ihm folgten ... Als er nun auf dem Berg Abar angekommen war ..., entließ er die Ältesten. Daraufhin umarmte er den Eleazar und den Josua, und während er noch mit ihnen sprach, ließ sich plötzlich eine Wolke auf ihn herab, und er entschwand in ein Tal. In den heiligen Büchern aber hat er geschrieben, er sei gestorben, aus Furcht, man könnte sagen, er sei wegen seiner hervorragenden Tugenden zu Gott hinübergegangen.

Himmelfahrt, Entrückung und die Welt der Götter

Diese Texte sind nur ein kleiner Ausschnitt aus der Fülle von anschaulichen Geschichten über Entrückungen, Himmelfahrten oder auch Himmelsreisen. Aber sie mögen verdeutlichen, dass man mit rationalistischen Fragen nach historischen Ereignissen nicht sehr weit kommt, ja, dass eine solche Fragestellung das Verstehen geradezu verhindert. Erzählungen von einer »Himmelfahrt«, von einer Entrückung in eine der Wahrnehmung entzogene göttliche Welt oder auch von einer Reise durch weltfremde Wirklichkeiten sind in der Antike beliebte Muster, die herausragende Bedeutung einzelner Persönlichkeiten zu beschreiben. Besondere Menschen heben sich darin von den übrigen ab, dass ihnen die Ehre der Aufnahme in göttliche Sphären gewährt wird. Es handelt sich hierbei um rein literarische Gestaltungsmittel und es ist abwegig, die entsprechenden neutestamentlichen Texte anders beurteilen zu wollen. Bemerkenswert scheint, dass gerade Lukas solches erzählt. Denn Lukas stammt aus einem gebildeten griechisch-römischen Milieu und kannte darüber hinaus auch die jüdische Tradition. Gerade von ihm kann man annehmen, dass er mit solchen literarischen Konventionen seiner Zeit vertraut war und sie gestalterisch aufzunehmen wusste.

Typische Motive

Und schließlich enthalten diese Texte einige markante Elemente, die regelmäßig wiederkehren: Das Entschwinden des ganzen Menschen, nicht etwa nur der Seele; Zeugen des Vorganges werden benannt; es treten Naturerscheinungen auf wie Sturm, Wolken, Unwetter; oft ist das Geschehen auf einem Berg lokalisiert; besonders in jüdischen Texten gibt es zuvor Abschiedsgespräche; die Konsequenz der Erscheinung ist eine Verehrung des Entrückten. Alle diese Motive finden sich bei Lukas wieder.

Unterschiedliche Begriffe

Die Terminologie freilich, in der die Himmelfahrt Jesu im Neuen Testament beschrieben wird, ist im Detail nicht einheitlich: Es ist die Rede vom »Aufgehoben werden« (Apg 1,2.11; Mk 16,19); den Blicken entzogen werden (Apg 1,19) oder auch: »Auffahren« (Lk 24,51). Solche Wendungen zeigen jeweils ein passives Verständnis an, ein Geschehen, das an Jesus geschieht. Aber daneben gibt es auch die aktive Formulierung, er sei »aufgefahren« (1. Petr 3,22). Die Terminologie – aktiv wie passiv – steht derjenigen nahe, die in der Regel für das Sterben verwendet wird. Auch Sterben ist ein »Hingehen«, eine »Aufnahme« oder eine »Hinwegnahme« in eine andere, außerweltlich-entzogene Wirklichkeit – und dies hat sich bis in unsere moderne Sprache über das Sterben erhalten. An dieser Analogie wird deutlich, dass man hier einen Vorgang zu beschreiben versucht, für den man keine spezifischen Worte hat, der in keines der alltagsweltlichen Sprachmuster hineinpasst. Deshalb kann auch Lukas unterschiedliche Worte für dieselbe Aussage heranziehen. Aber der **Inhalt** der Aussage gehört nicht zur Erfahrungswelt hinzu, und deshalb muss man Worte aus dieser Erfahrungswelt als **Metaphern** verwenden, die bildlich jene Art von Wirklichkeit »zur Sprache bringen«.

Die Himmelfahrt Jesu als erzählerisches »Spätprodukt«

Späte Erzählung

Die zitierten Texte machen die Herkunft der äußeren Gestalt und einzelner Motive anschaulich. Aber diese äußere Form ist erzählerischer Ausdruck einer inhaltlichen Aussage, deren Ursprünge anderswo zu suchen sind, und zwar in der frühchristlichen Interpretation der Auferweckung Jesu. Deshalb gehört die Vorstellung von der Himmelfahrt Jesu eng in den Osterkontext hinein. In seinem Brief an die christliche Gemeinde von Rom zitiert der Apostel Paulus eine ältere Bekenntnisformel, die die Auferweckung Jesu als Grund für seine bleibende Wirksamkeit zusammenfasst (Röm 1,2–4):

… verheißen … von … Jesus Christus, unserm Herrn, der geboren ist aus dem Geschlecht Davids nach dem Fleisch, und nach dem Geist, der heiligt, eingesetzt ist als Sohn Gottes in Kraft durch die Auferstehung von den Toten. Röm 1,2–4

Hier ist von einer Himmelfahrt (noch) nicht die Rede, wohl aber davon, Jesus sei durch die Auferstehung zu neuer Herrschaft gelangt. Dieser Herrschaftsgedanke wird an einer anderen Stelle genauer erörtert werden müssen.

Gegen Ende des 1. Jahrhunderts heißt es in einem Brief, der dem Apostel Petrus zugeschrieben wird und bereits eine Weiterentwicklung darstellt (1. Petr 3,22):

(Jesus Christus) *ist zur Rechten Gottes, aufgefahren gen Himmel, und es sind ihm untertan die Engel und die Gewaltigen und die Mächte.* 1. Petr 3,22

»zur Rechten Gottes«

Dieser Vers bildet einen unmittelbaren Ausgangspunkt der Formulierung, die in das Glaubensbekenntnis der Kirche eingegangen ist: »… aufgefahren in den Himmel, er sitzt zur Rechten Gottes, des allmächtigen Vaters …« Wegen seiner Rückbindung an die Traditionen der Apostelzeit nennt man es das »apostolische Glaubensbekenntnis«. Ähnliche Formulierungen finden sich auch in anderen Briefen des Neuen Testaments, so etwa im sogenannten Epheserbrief, der unter dem Namen des Paulus verbreitet wurde (Eph 1,20f.):

(Gott hat durch seine Macht Christus) *von den Toten auferweckt und eingesetzt zu seiner Rechten im Himmel über alle Reiche, Gewalt, Macht, Herrschaft und alles, was sonst einen Namen hat, nicht allein in dieser Welt, sondern auch in der zukünftigen.* Eph 1,20f

Königs-ideologie

Der eigentliche Ausgangspunkt dieser Vorstellung vom Sitzen zur Rechten Gottes liegt aber in der alttestamentlichen Königsideologie, wie sie in Psalm 110,1 zum Ausdruck kommt, ein Vers, der für die frühe christliche Gemeinde im Blick auf Jesus Christus besonders wichtig war:

Ps 110,1

Der Herr (Gott) sprach zu meinem Herrn (König David): Setze dich zu meiner Rechten, bis ich deine Feinde zum Schemel deiner Füße mache.

Der König und die Herrschaft Gottes

Hier geht es primär um die Vorstellung vom Sieg eines Königs über die Feinde, die sein Reich bedrohen, und zwar ganz realistisch im militärischen Sinne. Das »Sitzen zur Rechten Gottes« verbürgt die Siegesgewissheit des Königs. Nur ihm kam es zu, den Beistand Gottes zu empfangen: Sein Thron war gleichsam »entrückt« in eine Sphäre der Erhabenheit und Macht, die sich über die irdische Welt erhebt und damit (natürlich bildlich verstanden) an die rechte Seite des Gottesthrones gestellt wurde. Dadurch wird die Macht und die Autorität des Königs begründet. Die »Rechte Gottes« ist hierbei eine geläufige Metapher für die Herrschaft Gottes. Der Thron des Königs ist also als der Ort vorgestellt, an dem die himmlische Macht Gottes auf der Erde wirksam wird – vermittelt durch den König, der über seine Feinde und damit über die Feinde Gottes siegen wird.

Erzählerisches Gewand

Auf diesem Hintergrund erweist sich die Vorstellung von der Himmelfahrt Jesu als eine späte erzählerische Konsequenz und Gestalt der Überzeugung, dass Gott ihm durch die Auferweckung alle irdische und himmlische Macht übertragen hat. Es ist die Überzeugung, dass Gottes heilschaffendes Handeln nicht an den Gewaltmächten des Bösen scheitert, so wie Jesus an den politischen und religiösen Kräften seiner Zeit nur scheinbar und nicht wirklich am Kreuz gescheitert ist, weil Gott durch die Erfahrung der Auferweckung Jesu die lebensbedrohende Kraft des Bösen durchbrochen hat. Das aber ist eine »Sache des Vertrauens« geworden: Es geht zwar aus von einer grundlegenden Lebens-Erfahrung der Apostel, ist aber innerweltlich noch nicht zur alles bestimmenden Realität geworden. Die Aussage von der Erhöhung Jesu zu Gott drückt also eine in der persönlichen Erfahrung begründete Hoffnung aus, dass Gott der Macht des Bösen nicht hilflos gegenübersteht. In Gestalt der Botschaft und des Schicksals des Jesus von Nazareth hat er vielmehr einen realistischen Weg gewiesen, das Böse zu überwinden. Das war bereits ein wesentlicher Grundtenor der Botschaft Jesu, wie sie von den Evangelien überliefert ist.

Die Himmelfahrtsgeschichte des Lukas

Die Geschichte des Lukas

Der ausführliche Gang durch die Verstehensvoraussetzungen war notwendig, um nun die von Lukas erzählte Geschichte näher in den Blick zu nehmen. Wir haben bereits festgestellt, dass Lukas sie im Grunde zweimal erzählt: einmal als Abschluß des Evangeliums, ein zweites Mal als Beginn seiner Apostelgeschichte. Beide Erzählungen unterscheiden sich aufgrund ihrer literarischen Stellung und Funktion: Nach dem Lukasevangelium erfolgt die Aufnahme Jesu in den Himmel unmittelbar nach seiner Auferweckung und einigen Erscheinungen vor seinen Jüngern. In der Apostelgeschichte dagegen liegt zwischen Auferweckung und Himmelfahrt ein längerer Zeitraum, vierzig Tage. Lukas greift den Schluss seines Evangeliums noch einmal auf und »entzerrt« ihn literarisch, um dadurch das Konzept seiner Geschichte des Urchristentums zu erläutern und es gleichzeitig vom auferstandenen Jesus selbst zu autorisieren.

Herrschaftsfrage

Der Auferstandene führt Gespräche mit seinen Jüngern über die Ausbreitung des Reiches beziehungsweise die Herrschaft Gottes von Jerusalem bis an das Ende der Erde – so lautet das geographische und zeitliche Gliederungsprinzip der Apostelgeschichte des Lukas (Apg 1,8). Auch hierbei ist die Herrschaftsfrage ausdrücklich angesprochen, wenn die Jünger fragen, ob Jesus die Königsherrschaft beziehungsweise das Reich [Gottes] für Israel wieder aufrichten werde (Apg 1,6). Die Antwort darauf ist nicht einfach ein Ja oder Nein, sondern der Auftrag zur weltweiten Mission. Gottes Königsherrschaft beginnt in der Mission der Apostel, und dort, wo diese Mission erfolgreich ist, wo Menschen zu neuem Vertrauen auf Gott finden, dort hat die Königsherrschaft Gottes, sein Reich bereits begonnen. Diese Herrschaft Gottes bleibt nicht auf Israel begrenzt, sondern umfasst den ganzen bewohnten Erdkreis.

Literatur und die »Fakten«

Die unterschiedliche Gestaltung der Himmelfahrtsgeschichte am Ende des Lukasevangeliums und am Anfang der Apostelgeschichte erweist einmal mehr, dass Lukas damit keine »Fakten« in unserem modernen Sinne berichtet, sondern mit literarischen Mitteln seiner Zeit eine Erzählung gestaltet. Anliegen dieser Art von Gestaltung ist jeweils die Vermittlung der grundlegenden und bleibenden Bedeutung des gekreuzigten und auferstandenen Jesus für die Anfänge und den Fortbestand der christlichen Gemeinde. Hierbei gibt es verschiedene inhaltliche Aspekte zu bedenken. Äußerlich gesehen schließt die Himmelfahrt Jesu die Ostererscheinungen nach vierzig Tagen ab. Die Himmelfahrt Jesu markiert den endgültigen Abschied Jesu von seinen Anhängern. Danach gibt es keine Erscheinungen mehr. Was bleibt, sind die »Zeugen«, die Apostel, die das mit Jesus Erfahrene als gute und befreiende Botschaft (Evangelium) verkündigen. So verläuft das Geschehen in allen Texten über die Zeit nach Ostern bei Markus, Matthäus und Lukas.

Bemerkenswert scheint, dass Matthäus keine Himmelfahrt Jesu erwähnt, obwohl die Situation, die er am Ende seines Evangeliums beschreibt, geradezu prädestiniert dazu wäre: Jesus gibt auf einem Berg seinen Jüngern den Auftrag, in alle Welt zu ziehen, um das Evangelium zu verkünden und seine Botschaft zu lehren. Das entspricht der missionarischen Intention der lukanischen Himmelfahrtsgeschichte, kommt aber ohne diese Vorstellung aus. Auch das Johannesevangelium und der ursprüngliche Schluss des Markusevangeliums erwähnen keine Himmelfahrt Jesu. Das bedeutet, dass der Aussagegehalt der Himmelfahrt Jesu nicht ausdrücklich an eine gegenständliche Erzählung wie die des Lukas gebunden ist. Schon deshalb ist es abwegig, die erzählerisch-gegenständliche **Form** der Himmelfahrtsgeschichte des Lukas zum Inhalt eines Glaubensbekenntnisses zu machen. Deshalb kann der Satz des apostolischen Glaubensbekenntnisses selbstverständlich nur von seinem metaphorischen Aussagegehalt her verstanden werden und nicht als Vorschrift zum Glauben an einen äußeren Vorgang.

Exkurs: Vierzig Tage

Bleibt die Frage, welche Bedeutung die vierzig Tage im Konzept des Lukas haben. Lukas wäre – wie im Evangelium – auch ohne eine solche genaue Zeitangabe ausgekommen. Aber die Zahl Vierzig unterstützt in ihrem Symbolgehalt die Bedeutung der Erzählung. Die Vierzig hat eine längere Geschichte: Schon am Anfang des Evangeliums war von vierzig Tagen der Versuchung Jesu die Rede (Lk 4,2), so dass sich eine Entsprechung zu den vierzig Tagen des Abschieds ergibt. Aber damit nicht genug, denn inhaltlich ist für die Vierzig vor allem eine alttestamentliche Tradition bedeutsam. Im 2. Buch Mose (Exodus = Auszug) wird von der Flucht Israels aus der ägyptischen Gefangenschaft erzählt, die zunächst in eine vierzigjährige Wüstenzeit mündet. Diese vierzig Jahre sind einerseits Zeit der Prüfung und der Verzagtheit, in der man sich zurücksehnt nach den Sicherheiten Ägyptens. Andererseits sind sie aber auch Zeit der Gotteserfahrung, in der Gott mit seinem Volk einen Bund schließt: In vierzig Tagen der Gottesbegegnung erhält Mose die Tafeln des Gesetzes (zehn Gebote), auf dessen Grundlage die Geschichte des Volkes weitergeht und sie in das »gelobte Land« geführt werden. Neben diesem alttestamentlichen Hintergrund begegnet die Zahl Vierzig auf ähnliche Weise auch in anderen Zusammenhängen, etwa in der syrischen Apokalypse des Baruch (Ende 1. Jh. n. Chr.), in der von einem Baruch die Rede ist, der das Volk vierzig Tage lang ermahnt habe und danach entrückt worden sei (syrischer Baruch, Kapitel 76). Diesem Muster entsprechen die vierzig Tage der Erscheinungen Jesu und der Gespräche mit seinen Jüngern vor der Aufnahme in den »Himmel«.

40 Jahre Wüste

Der alttestamentlichen Tradition könnte auch das Motiv des Ölberges entsprechen, der in der Apostelgeschichte ausdrücklich erwähnt wird: Jesus geht mit seinen Jüngern von Jerusalem an den Ölberg, »einen Sabbatweg entfernt.« Die Tatsache, dass der Ölberg so ausführlich beschrieben wird, obwohl Lukas im Evangelium nicht vom Ölberg, sondern von Betanien als Ort der Himmelfahrt sprach, deutet darauf hin, dass Lukas an dieser Stelle doch noch einmal die traditionelle Bedeutung des Ölber-

Am Ölberg

ges nahelegen wollte. Im Alten Testament ist der Ölberg auch Ort eines besonderen Abschiedes: Vor der Zerstörung Jerusalems und des Tempels im Jahre 587 v. Chr. – so beschreibt es der Prophet Hesekiel (Ezechiel) – verlässt Gott selbst seinen Tempel, und zwar vom Ölberg aus (Hes 11,23). Und dort, vom Ölberg aus, wird er aus dem Exil wieder zurückkehren (Hes 43,2; vgl. auch Sach 14,4: Gott kommt auf den Ölberg, um Gericht zu halten). Wenn Lukas in der Apostelgeschichte den Jüngern durch Engel erklären lässt, dass Jesus so, wie sie ihn weggehen sahen, wiederkommen wird, und zwar am Ölberg, dann ist die Analogie zu jener alttestamentlichen Vorstellung sicher kein Zufall. Die Ortsangabe des Ölberges ist also »geschichtsträchtiges Terrain«. Und nicht zuletzt sei darauf hingewiesen, dass das Motiv der überschattenden Wolke zum festen »Inventar« derartiger Entrückungsgeschichten gehört.

Brennpunkt: Die Herrschaft Gottes

Abschied und Gottesherrschaft

Auf die Konzeption der Apostelgeschichte wurde bereits hingewiesen, eine Konzeption, die in den Abschiedsgesprächen zwischen Jesus und seinen Anhängern vom Auferstandenen selbst präsentiert wird. Zentrum dieser Abschiedsgespräche ist die Frage der Jünger nach der von ihnen erwarteten Herrschaft Gottes. Das ist die Frage, um deretwillen Lukas die Himmelfahrtsgeschichte überhaupt erzählt. Es geht um das Problem, wie und warum die Verkündigung und Lehre Jesu von der nahen Königsherrschaft Gottes (vom Reich Gottes) nach seinem Tod und seiner Auferweckung weiterwirkt in der Verkündigung der Apostel. In der Apostelgeschichte stellen die Jünger an Jesus ausdrücklich diese Frage. Deshalb soll an dieser Stelle der Begriff der Königsherrschaft beziehungsweise des »Reiches« (griechisch: **basileia**) Gottes näher erläutert werden. Alle Texte, die vom Abschied Jesu handeln, berühren in irgendeiner Form die Frage nach der Herrschaft Gottes. Sie scheint also das Nachdenken über die Bedeutung Jesu nach seinem Tod entscheidend bestimmt zu haben. Besonders deutlich ist hier wieder das Matthäusevangelium, obwohl es keine Himmelfahrt erzählt (Mt 28,18):

Mir ist gegeben alle Gewalt im Himmel und auf Erden. Darum gehet hin und machet zu Jüngern alle Völker: Taufet sie auf den Namen des Vaters und des Sohnes und des Heiligen Geistes und lehret sie halten alles, was ich euch befohlen habe. Und siehe, ich bin bei euch alle Tage bis an der Welt Ende. Mt 28,18

Botschaft an die Völker

Das aufgetragene Evangelium ist also die Botschaft vom Anbruch der Herrschaft Gottes über »alle Völker«, die mit der Auferweckung des gekreuzigten und erniedrigten Jesus von Nazareth beginnt. Durch die Auferweckung wurde dieser Gekreuzigte sozusagen »erhöht«, aus der absoluten Erniedrigung aufgerichtet. Damit gab Gott ihm und nicht den verurteilenden Menschen letztlich Recht. Und den Menschen, die davon überzeugt waren, erwächst eine neue Hoffnung darauf, dass nicht das Böse in der Welt siegen wird, sondern Gottes Botschaft von der Liebe zum »beherrschenden« Maßstab werden kann. Bekenntnismäßiger Ausdruck dieser Hoffnung ist die auf die oben zitierte Tradition von Psalm 110 gestützte Formulierung vom »Sitzen zur Rechten Gottes«. Literarisch-erzählerischen Ausdruck findet diese Hoffnung in der Erzählung des Lukas von der Himmelfahrt Jesu. Im Blick auf den literarischen Fortgang seiner Apostelgeschichte ist dieser Abschluss des Lebens Jesu mit einer Himmelfahrt geradezu notwendig, um die weltweite Verkündigung des Evangeliums durch die Apostel zu begründen.

Königsherrschaft

Damit setzt sich Gottes Königsherrschaft durch, und zwar nicht nur in Israel – wonach die Jünger fragten – sondern in der ganzen Welt, unter allen Völkern. Da diese Herrschaft Gottes auf einer Botschaft der Liebe und Selbsthingabe beruht, und diese auf den gekreuzigten Messias zurückgeht, hat »Herrschaft« hier nichts mit Gewalt und Macht im physischen Sinne zu tun. Sie ist vielmehr eine **ausdrückliche Kritik** an solchen Herrschaftskonzepten. Es geht statt dessen um die sich durchsetzende Wirksamkeit der werbenden und wegweisenden Liebesbotschaft Gottes. Wird dies mit Gewalt versucht – wie in der Geschichte der Kirche oft geschehen –, dann ist die Botschaft im tiefsten Grunde verfehlt.

Erhöhung des Gekreuzigten

Bevor die Verkündigung der Botschaft Jesu, die zu einer Botschaft von Jesus geworden ist, beginnen kann, muss über die Befähigung der Apostel erzählt werden. Aber das ist Gegenstand des nächsten Kapitels. Nebenbei sei nur bemerkt, dass das Johannesevangelium den Gedanken von der Erhöhung bereits auf das Kreuz Jesu projiziert und damit das grausame Geschehen selbst zu einem Zeichen des Heils werden lässt: Ein Gekreuzigter wird mit dem Aufrichten des Kreuzes ja tatsächlich über die Erde »erhöht« – das ist für Johannes der sichtbare Ausdruck für die übertragene Bedeutung der »Erhöhung« Jesu zu Gott (vgl. Joh 3,21). Hier wird die symbolische Überschreitung der Realitätsgrenzen überdeutlich, denn eine Kreuzigung ist realistisch gesehen alles andere als eine ehrenhafte Erhöhung und gerade kein »Herrschaftsantritt«.

Himmelfahrt Jesu – Die »Sache« geht weiter

Die Zeit der Wende

In den sechziger Jahren hat ein Neutestamentler für Aufregung gesorgt, weil er die Auferweckung Jesu nicht als realistisches Geschehen, sondern in einem übertragenen Sinne verstanden wissen wollte: Auferweckung Jesu meine nichts anderes als: »Die Sache Jesu geht weiter« (Willi Marxsen, Die Auferstehung Jesu von Nazareth, 1968). Dass es bei der Auferweckung Jesu um mehr als das geht, ist im vorigen Kapitel nachzulesen. Angemessener erscheint es, den Satz »Die Sache Jesu geht weiter« nicht auf die Auferweckung Jesu, sondern auf die Geschichte von seiner Himmelfahrt zu beziehen, obwohl oder gerade weil beides eng zusammenhängt. Die Auferweckung Jesu ist ein Zeichen Gottes dafür, dass mit dem Tod des Gekreuzigten seine Botschaft von Gottes Liebe und Nähe zu den Menschen nicht wirklich gescheitert ist, sondern dass sie Recht behalten hat: Gott bleibt den Menschen nahe und lädt sie weiterhin durch Jesus Christus auf einen Weg der Befreiung und des Friedens ein. Die Erzählung von der Himmelfahrt Jesu ist eine Möglichkeit, mit der Lukas mit den ihm zur Verfügung stehenden literarischen Mitteln die Wende von der Zeit Jesu zur Zeit der frühen Kirche anschaulich beschreiben kann und zugleich einen Anfangspunkt dafür findet, warum und wie die »Sache« mit Jesus tatsächlich weitergeht.

Ein neuer »Weg«

Sie geht weiter in der Mission der Apostel, der Gründung christlicher Gemeinden, die sich gemeinsam auf jenem Weg unterwegs sehen, den Jesus ihnen gewiesen hat. Das Motiv des »Weges« im übertragenen Sinne spielt deshalb in der Apostelgeschichte eine besondere Rolle als Umschreibung für den »neuen Glauben«. Im Blick auf die Offenheit dieses Weges auf die Zukunft hin gewinnt die Frage und der Auftrag der Engel Bedeutung, mit denen die Geschichte ihren erzählerischen Abschluss findet. Ähnlich wie bereits zu den Frauen am Grab (Lk 24,5) werden nun die Jünger von ihrem »Starren in den Himmel« zurückverwiesen auf ihren Lebenskontext, in welchem sie einen Auftrag zu erfüllen haben – gleichsam stellvertretend für den nicht mehr leiblich anwesenden Jesus, aber in der Gewissheit seiner Gegenwart. Diese Art der Gegenwärtigkeit Jesu wird mit dem Begriff des Geistes umschrieben und ist mit dem Pfingstfest verbunden. Die Zeit der Erfüllung dieses Auftrages ist auf Zukunft hin offen, bis der Herr – so die Hoffnung – am Ende der Zeiten wiederkommen wird. Während die Motivation der Apostel zur missionarischen Verkündigung die Auferweckung Jesu ist, vermittelt Lukas in Anlehnung an zeitgenössische Darstellungsmuster mit der Himmelfahrt Jesu die bleibende und weiterwirkende Bedeutung von dessen Botschaft und seiner Person für den Fortbestand der Gemeinden. Sie ist für Lukas Abschied und Neubeginn zugleich. Die Kraft des Neubeginns, an dem »die Sache Jesu« weitergeht, ist ein neuer Geist, in welchem die Jünger Jesu ihre neue Aufgabe antreten.

Abschied und Neubeginn

Die Frage nach einem historisch-realistischen Geschehen oder gar die Forderung eines »Glaubens« daran in einem gegenständlichen Sinne verbietet sich also geradezu für die Himmelfahrtsvorstellung, weil sie das besondere Anliegen des Lukas nicht zu erfassen vermag. Einziger »historischer« Anhalt ist die Erkenntnis, dass die besonderen Erfahrungen der Jünger, die sie nach seinem Tod gemacht hatten, aufhörten und daraufhin eine Neuorientierung stattfinden musste. Den Abschied gestaltet Lukas in einer ganz besonderen und eigenen Weise, die auf die Zukunft der Gemeinden hin offen ist.

Pfingsten – Fest des Neubeginns

Zur Einführung

Ein Fest im Frühling

Das Pfingstfest hat – darin vergleichbar mit dem Himmelfahrtstag – hinsichtlich seines christlichen Inhaltes heute nur eine geringe Bedeutung für das volkstümliche Empfinden. Noch weniger als beim Oster- oder Weihnachtsfest ist bekannt, was sich mit Pfingsten verbindet. Da das Fest in die Zeit zwischen Ende Mai und Anfang Juni fällt, wird es oft als Frühlings- beziehungsweise Sommerfest verstanden. Man feiert den Anbruch der warmen Jahreszeit, das Erblühen der Natur und damit das Aufleben der Menschen nach dem Winter. Mancherorts wird die Tradition des Maibaumsetzens symbolträchtig damit verbunden.

Geschichtliches

Pfingsten und Himmelfahrt

Himmelfahrtstag und Pfingstfest wurden bis in das 4. Jahrhundert hinein gemeinsam begangen. Bis dahin stand vor allem in den östlichen Kirchen von Syrien und Palästina die Erhöhung Jesu in seiner »Himmelfahrt« im Vordergrund. Erst gegen Ende des 4. Jahrhunderts wurde Pfingsten zu einem eigenständigen Fest, indem man den Himmelfahrtstag der Zeitangabe des Lukas in der Apostelgeschichte entsprechend um zehn Tage auf den vierzigsten Tag nach Ostern vorverlegte.

Abschluss der Osterzeit

Mit dem Pfingstfest schließt im Kirchenjahr die Osterzeit. Seine Bedeutung als eines der drei christlichen Hauptfeste gewinnt es als Gründungsfest der Kirche. Das Kirchenjahr wurde so zu einer durchgehenden chronologischen Konstruktion: Weihnachten – Geburt Jesu; Ostern – dessen Tod und Auferstehung; Himmelfahrt – Abschied Jesu und schließlich Pfingsten – Gründung der Kirche. Erfasst aber die Definition von Pfingsten als »Gründungstag der Kirche« das Wesen des Pfingstfestes angemessen gemäß seiner neutestamentlichen Bezeugung?

Der Begriff »Pfingsten«

Die Erläuterung des Begriffes führt bereits zu den traditionellen Ursprüngen des Festes. Das deutsche Wort »Pfingsten« leitet sich aus dem griechischen **pentekoste** = fünfzig ab. Von pentekoste führt ein direkter Weg durch verschiedene Lautverschiebungen zu »Pfingsten«: althochdeutsch (9. Jh.): **fimfkustin**; oberdeutsch (10. Jh.): **pinkoston**; mittelniederdeutsch (ab 11. Jh.): **pinkesten/ pinxten**. »Pfingsten« ist also zunächst nicht mehr als die Zahl: Fünfzig, gemeint sind die fünfzig Tage nach Ostern. Diese zeitliche Zuordnung zum Osterfest führt zu den Traditionen des Pfingstfestes.

Wochenfest

War schon das Osterfest in seinen Ursprüngen mit dem jüdischen Passafest verbunden, so geht auch das christliche Pfingstfest auf ein jüdisches Fest zurück. Es wurde »Wochenfest« (hebräisch: **schabuoth**) genannt und war ein Fest der Frühjahrsernte, sieben Wochen nach dem Passafest (7x7=49, der 50. Tag war der Festtag). Bereits am ersten Tag nach dem Passafest, am 16. Tag des ersten Monats Nisan, wurden die sogenannten Omer-Garben dargebracht als Erstlingsopfer der bevorstehenden Frühjahrsernte. Der Abschluss dieser Erntezeit wird mit dem Wochenfest begangen. Da der Passatermin nicht auf einen Wochentag festgelegt war, galt dies ursprünglich auch für den Tag des Wochenfestes. Dass das Pfingstfest heute stets auf einen Sonntag fällt, hängt mit der Fixierung des Ostertermins auf einen Sonntag in der christlichen Tradition zusammen (siehe dort).

Die Ursprünge des Pfingstfestes im Judentum und die Bezeugung im Neuen Testament

Ein später Text

Die neutestamentliche Grundlage des Pfingstfestes bildet in besonderer Weise ein Text der Apostelgeschichte. Es handelt sich also ebenfalls um einen »späten« Text, der in der zweiten Hälfte des 1. Jahrhunderts entstanden ist. Auch hier besteht deshalb Grund zu der Annahme, dass der Autor der Apostelgeschichte in erzählerischer Form etwas beschreibt, was zwar an historischen Zusammenhängen orientiert, aber so, wie es beschrieben wird, nicht tatsächlich in jedem Detail »passiert« ist. An anderen Stellen dieses Buches wurde deutlich gemacht, dass dies allein kein echtes Problem darstellt, denn die Wirklichkeit und die Aussagekraft des Beschriebenen steht und fällt nicht dadurch, dass jedes Detail »stimmt«. Eine rein historische Fragestellung käme auch hier nicht zu einem sicheren Ergebnis.

Interesse des Lukas

Lukas ist der einzige neutestamentliche Autor, der die Geschichte der frühen christlichen Gemeinden in einer ordnenden chronologischen Weise darstellen will. Wie er den Abschied Jesu von seinen Anhängern auf eine traditionelle und geradezu spektakulär zu nennende Weise erzählt und keinen Zweifel lässt über die Bedeutsamkeit dieses Abschieds, so beschreibt er auch den Beginn der christlichen Mission sehr ausführlich mit einem ebenso spektakulären Ereignis, bei dem allein verschiedene äußere Umstände zu einer Sachkritik nötigen. Doch gerade das Spektakuläre lässt die Lesenden nicht im Unklaren darüber, was Lukas für die treibende Kraft hält, die zur Entstehung der ersten Gemeinden geführt hat (von »Kirche« in unserem Sinne einer verfassten Institution kann hier noch keine Rede sein!).

Der Text über das »Pfingstereignis« steht in der Apostelgeschichte 2,1–41:

Und als der Pfingsttag gekommen war, waren sie alle an einem Ort beieinander. Und es geschah plötzlich ein Brausen vom Himmel wie von einem gewaltigen Wind und erfüllte das ganze Haus, in dem sie saßen. Und es erschienen ihnen Zungen, zerteilt wie von Feuer; und er setzte sich auf einen jeden von ihnen, und sie wurden alle erfüllt von dem Heiligen Geist und fingen an zu predigen in andern Sprachen, wie der Geist ihnen gab auszusprechen. Es wohnten aber in Jerusalem Juden, die waren gottesfürchtige Männer aus allen Völkern unter dem Himmel. Als nun dieses Brausen geschah, kam die Menge zusammen und wurde bestürzt; denn ein jeder hörte sie in seiner eigenen Sprache reden. Sie entsetzten sich aber, verwunderten sich und sprachen: Siehe, sind nicht diese alle, die da reden, aus Galiläa? Wie hören wir denn jeder seine eigene Muttersprache? Parther und Meder und Elamiter und die wir wohnen in Mesopotamien und Judäa, Kappadozien, Pontus und der Provinz Asien, Phrygien und Pamphylien, Ägypten und der Gegend von Kyrene in Libyen und Einwanderer aus Rom, Juden und Judengenossen, Kreter und Araber: wir hören sie in unsern Sprachen von den großen Taten Gottes reden. Sie entsetzten sich aber alle und wurden ratlos und sprachen einer zu dem andern: Was will das werden? Andere aber hatten ihren Spott und sprachen: Sie sind voll von süßem Wein. Da trat Petrus auf mit den Elf, erhob seine Stimme und redete zu ihnen: Ihr Juden, liebe Männer und alle, die ihr in Jerusalem wohnt, das sei euch kundgetan, und lasst meine Worte zu euren Ohren eingehen. Denn diese sind nicht betrunken, wie ihr meint, ist es doch erst die dritte Stunde am Tage; sondern das ist's, was durch den Propheten Joel gesagt worden ist [Joel 3,1–5]: »Und es soll geschehen in den letzten Tagen, spricht Gott, da will ich ausgießen von meinem Geist auf alles Fleisch; und eure Söhne und eure Töchter sollen weissagen, und eure Jünglinge sollen Gesichte sehen, und eure Alten sollen Träume haben; und auf meine Knechte und auf meine Mägde will ich in jenen Tagen von meinem Geist ausgießen, und sie sollen weissagen. Und ich will Wunder tun oben am Himmel und Zeichen unten auf Erden, Blut und Feuer und Rauchdampf; die Sonne soll in Finsternis und der Mond in Blut verwandelt werden, ehe der große Tag der Offenbarung des Herrn kommt. Und es soll geschehen: wer den Namen des Herrn anrufen wird, der soll gerettet werden.« Apg 2,1–41

[Es folgt in den Versen 22 bis 36 eine Zusammenfassung von Leben, Sterben und Auferstehung Jesu, die mit einem Hinweis auf Psalm 110,1 endet:]

So wisse nun das ganze Haus Israel gewiss, dass Gott diesen Jesus, den ihr gekreuzigt habt, zum Herrn und Christus gemacht hat. Als sie aber das hörten, ging's ihnen durchs Herz und sie sprachen zu Petrus und den andern Aposteln: Ihr Männer, liebe Brüder, was sollen wir tun? Petrus sprach zu ihnen: Tut Buße und jeder von euch lasse sich taufen auf den Namen Jesu Christi zur Vergebung eurer Sünden, so werdet ihr empfangen die Gabe des Heiligen Geistes. Denn euch und eurer Kinder gilt diese Verheißung und allen, die fern sind, so viele der Herr, unser Gott, herzurufen wird. Auch mit vielen andern Worten bezeugte er das und ermahnte sie und sprach: Lasst euch erretten aus diesem verkehrten Geschlecht! Die nun sein Wort annahmen, ließen sich taufen; und an diesem Tage wurden hinzugefügt etwa dreitausend Menschen.

Himmelfahrtsmoschee am Ölberg

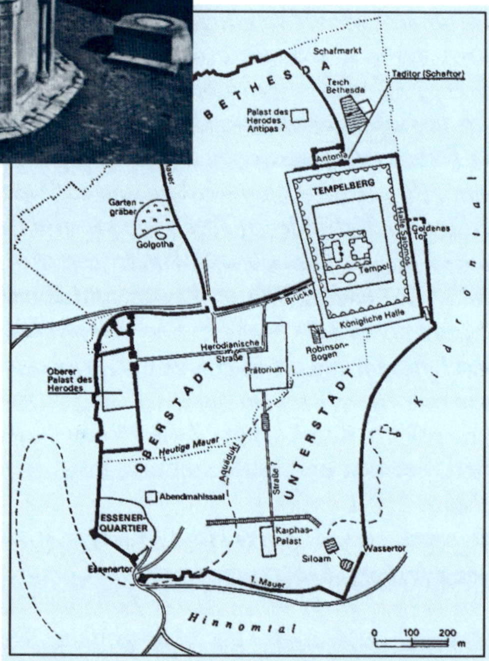

Jerusalem zur Zeit Jesu

Von seinem Ende her betrachtet liest sich dieser Text in der Tat wie die Gründungslegende der christlichen Kirche. Ein erstaunliches Sprachereignis führt zu einer Predigt des Petrus, die zur Folge hat, dass viele Menschen zu dem neuen Glauben finden und eine neue Gemeinschaft bilden. Doch was verbirgt sich hinter dem Beschriebenen?

Für die Beantwortung dieser Fragen spielt der von Lukas verfolgte Erzählgang eine Rolle. Nach der Himmelfahrt Jesu befinden sich seine Anhänger immer noch in Jerusalem, und zwar zunächst nur in einem kleinen, sozusagen internen Kreis. In den Versen 13 und 14 wird dieser Kreis sehr genau umrissen: Es sind die elf Apostel (ohne Judas, dessen Tod im Folgenden beschrieben wird) mit ihren Frauen, dazu Maria, die Mutter Jesu und seine Brüder. Im nächsten Vers erweitert sich der Kreis durch Anhänger Jesu, die nicht zu dieser internen Gruppe gehörten und aus denen ein Apostel als Ersatz für Judas »nachgewählt« wurde. Im zweiten Kapitel kommen dann weitere Menschengruppen hinzu: Hier sind jüdische Menschen aus nahezu allen Landesteilen des Imperium Romanum anwesend. Damit wird gleichsam vorweggenommen, was in Vers 8 bereits angesagt wurde, die Mission »bis an das Ende der Erde«. Dieser Zusammenhang macht deutlich, wie Lukas die Geschichte von Pfingsten verstanden wissen will: Es ist die Antwort auf die Frage, woher die galiläischen Apostel den Mut und die Kraft zu dieser weltweiten Mission geschöpft haben.

Die Zeit des Anfangs

Jüdische Menschen

Kraft des Geistes

Durch den auferstandenen Jesus war angekündigt worden, die Apostel würden die »Kraft des Heiligen Geistes« empfangen. Wie das geschieht, erzählt die Pfingstgeschichte. Um nun diese Antwort zu verstehen, müssen die Traditionen in den Blick genommen werden, auf die Lukas in seiner Darstellung zurückgreift.

Exkurs: Das jüdische Wochenfest und die Gabe der Tora

Alte Feste – neuer Inhalt

Das Wochenfest (hebräisch: **schabuoth**), ursprünglich ein Erntefest, gewinnt in der Zeit nach der Zerstörung des Jerusalemer Tempels im Jahre 70 n. Chr. durch die Römer mehr und mehr einen anderen Inhalt. Dieser Prozess der Umdeutung von Festinhalten betrifft alle jüdischen Hauptfeste, die in ihrem Ursprung Erntefeste waren und im Laufe der Entwicklung eine auf die Geschichte des jüdischen Volkes bezogene Bedeutung erhielten. In den Festen wurde die Geschichte Israels als Geschichte Gottes mit seinem Volk gedeutet, erinnert und gefeiert. Für die Umdeutung des Wochenfestes spielt die Zerstörung des Tempels von Jerusalem im Jahre 70 n. Chr. eine große Rolle.

Kult und Tora

Nachdem der Tempelkult nicht mehr durchführbar war, nahm die Bedeutung der schriftlichen Traditionen des Judentums zu. Die Auslegung der heiligen Schriften Israels, des Gesetzes (Tora), der Propheten und der übrigen Schriften, stand bis dahin in engem Bezug zum Tempel und trat nun in das Zentrum der Frömmigkeit. Studium der Tora, Gebet und Frömmigkeit ersetzten gleichsam den verlorenen Tempelkult. Auf diesem Hintergrund wird das Wochenfest fünfzig Tage nach dem Passa zum Fest der Gabe der Tora. Während das Passafest an den Auszug Israels aus Ägypten erinnert, so das Wochenfest an die Gabe der Tora am Berg Sinai fünfzig Tage später.

Nach 5. Mose 4,11 ist die Gabe der Tora mit einer Begleiterscheinung verbunden:
… *der Berg aber stand in Flammen.* Dieser Text nimmt Bezug auf 2. Mose 19,18: *Der ganze Berg Sinai aber rauchte, weil der Herr auf den Berg herabfuhr im Feuer; und der Rauch stieg auf wie der Rauch von einem Schmelzofen und der ganze Berg bebte sehr.*

2. Mose 19,18

Im 20. Kapitel, Vers 18 heißt es:
Und alles Volk wurde Zeuge von dem Donner und Blitz und dem Ton der Posaune und dem Rauchen des Berges. Als sie aber solches sahen, flohen sie und blieben in der Ferne stehen …

2. Mose 20,18

Das Motiv des lodernden Feuers wird mit der Gabe der Tora einerseits, aber auch mit der verständlichen Auslegung der Tora andererseits verbunden. Die Auslegung der Tora bringt das Feuer vom Sinai erneut zum Lodern (Peter von der Osten-Sacken). Zur Veranschaulichung dieser Vorstellung sei ein Text zitiert, der diesen Zusammenhang verdeutlicht und mit den Namen des Rabbi Akiba und Ben Asai in die Zeit zwischen Ende des 1. und Anfang des 2. Jh. n. Chr. zurückführt. (Midrasch Wajikra Rabba [Großer Kommentar zum 3. Buch Mose] zu 3. Mose 14,2; Übersetzung nach Peter von der Osten-Sacken):

Ben Asai saß und forschte, und das Feuer flammte rings um ihn her. Man kam und sagte zu Rabbi Akiba: Ben Asai sitzt und forscht, und

Die Gabe der Tora am Sinai nach der Passa-Haggada, Serajewo

das Feuer flammt rings um ihn her. Da kam er herbei und sprach zu ihm: Beschäftigst du dich vielleicht mit den Geheimnissen des Thronwagens? Er antwortete ihm: Nein, sondern ich reihe die Worte des Ge-

setzes an die Propheten und die Worte der Propheten an die Schriften, und die Worte des Gesetzes freuen sich wie am Tage, da sie auf dem Berge Sinai gegeben wurden; denn wurden sie nicht ursprünglich vom Sinai im Feuer gegeben, wie es heißt: »Und der Berg brannte im Feuer«?

Symbolkraft des Feuers

Diese Geschichte um Ben Asai lebt von ihrer symbolischen Motivik: Das Schriftzitat aus 5. Mose 4,11 ist der Ausgangspunkt für die Vorstellung, dass das Studium des Gesetzes den Menschen gleichsam »entflammt«, er »Feuer und Flamme« wird, das heißt sich diesem Gesetz und seinem Studium ganz hingibt. So wird die gelehrte Arbeit der Schriftauslegung selbst zu einer entflammenden Tätigkeit, die den Charakter von Offenbarung annimmt, vergleichbar mit der Offenbarung des Willens Gottes im Gesetz des Sinai.

Literaturhinweis: Pierre Lenhardt/Peter von der Osten-Sacken, Rabbi Akiva. Texte und Interpretationen zum rabbinischen Judentum und Neuen Testament (Arbeiten zur neutestamentlichen Theologie und Zeitgeschichte 1) Berlin 1987, bes. S. 146–153 und S. 230–238.

Ähnlichkeiten der Traditionen

Bemerkenswerterweise zeigen die Geschichten um die Auferweckung Jesu, den Abschied Jesu und die Gabe des Heiligen Geistes bei Lukas viele Ähnlichkeiten mit diesen jüdischen Traditionen des Wochenfestes. Bereits am Ende des Evangeliums lässt der Autor den auferstandenen Jesus zu zwei seiner Anhänger auf dem Weg nach Emmaus sprechen (Lk 24,25–28):

O ihr Toren, zu trägen Herzens, all dem zu glauben, was die Propheten geredet haben! Musste nicht Christus dies erleiden und in seine Herrlichkeit eingehen? Und er fing an bei Mose und allen Propheten und legte ihnen aus, was in der ganzen Schrift von ihm gesagt war.
Nachdem sie mit Jesus gegessen hatten, erkennen sie ihn (Vers 32):
***Brannte** nicht unser Herz in uns, als er mit uns redete auf dem Wege und uns **die Schrift** öffnete?*

Lk 24,25–28

Beim Erscheinen vor den Jüngern betont Jesus (Vers 44f.) noch einmal:

Das sind meine Worte, die ich zu euch gesagt habe, als ich noch bei euch war: Es muss alles erfüllt werden, was von mir geschrieben steht im Gesetz des Mose, in den Propheten und in den Psalmen. Da öffnete er ihnen das Verständnis, so dass sie die Schrift verstanden. Lk 24, 44ff.

Dieses Schriftverständnis im Blick auf Jesus ist schließlich Voraussetzung für die Mission der Apostel (Verse 47–49):

Fangt an in Jerusalem und seid dafür Zeugen. Und siehe, ich will auf euch herabsenden, was mein Vater verheißen hat. Ihr aber sollt in der Stadt bleiben, bis ihr ausgerüstet werdet mit Kraft aus der Höhe. Lk 24,47–49

»Kraft aus der Höhe«

Auch Lukas verwendet die Metaphorik des Brennens für die offenbarende Schriftauslegung. Was es mit Jesus Christus auf sich hat, ist also aus den Schriften zu lernen, und wer diese Zusammenhänge versteht, dessen Herz gerät buchstäblich »in Flammen«. Die lodernden Flammen wiederum bestimmen mit ihrer Symbolkraft die erzählerische Gestaltung der Pfingstgeschichte. Der Autor weist auf den jüdischen Hintergrund hin, ohne den seine Geschichte nicht verstanden werden kann: Die Gabe der heiligen Schriften Israels ist Voraussetzung für das Verstehen der Person Jesu, und dieses Verstehen wird ermöglicht durch die Gabe des neuen Geistes. Mit dem Pfingstbericht in Apostelgeschichte 2 liefert Lukas auf diesem Hintergrund die Einlösung der »Kraft aus der Höhe«, die sich im Evangelium (Lk 24) angekündigt hatte.

Seltsame Erscheinungen

Das folgende Geschehen ist geprägt von charakteristischen Phänomenen: Ein Sturmgetöse vom Himmel her, Feuerzungen, die als eine Vielfalt von Stimmen erscheinen, die wiederum als verstehbare Sprachen erkennbar werden. Plötzliches Sturmbrausen, Feuer und ähnliches sind zunächst einmal typische Motive, mit denen man das Auftreten Gottes umschreiben konnte (vgl. etwa 2. Mose 3,2: Gotteserscheinung vor Mose im brennenden Dornbusch; 2. Mose 14,20.24: die Feuersäule, die vor Israel in der Wüste herzieht; 1. Könige 19,11ff.: Gotteserscheinung vor dem Propheten Elia im Wettersturm). Für die Zusammenschau der von Lukas genannten Erscheinungen finden sich darüber hinaus bemerkenswerte Parallelen in einem jüdischen Text, einem Kommentar zu dem oben zitierten Text aus 2. Mose 20,18, der wiederum auf Rabbi Akiba zurückgeführt wird (Mechilta [Auslegung] von Rabbi Jischmael zu 2. Mose 20,18; Übersetzung zitiert nach Peter von der Osten-Sacken):

Rabbi Akiba

»Und das ganze Volk gewahrte die Donner (= Stimmen).« Sie sahen, was zu sehen war, und sie hörten, was zu hören war – Worte Rabbi Jischmaels. Rabbi Akiba sagt: Sie sahen und sie hörten, was zu sehen war. Sie sahen ein Feuerwort, das aus dem Munde der Macht (= Gottes) hervorkam und in die Tafeln eingehauen wurde; denn es heißt: »Die Stimme des Ewigen wirft zuckende Feuerflammen« (Psalm 29,7). Und das ganze Volk gewahrte die Stimmen – eine Stimme (oder: ein Donner) von Stimmen über Stimmen und eine Flamme von Flammen über Flammen. Und wieviel Stimmen waren es und wieviel Flammen? (Nicht so ist es zu verstehen,) vielmehr (ist gemeint): Sie ließen sich dem Menschen seiner Kraft gemäß vernehmen; denn es heißt: »Die Stimme des Ewigen erschallt in Kraft« (Psalm 29,4).

Worte der Tora

In der Auslegung des Akiba wird der Donner vom Himmel mit den Stimmen Gottes identifiziert. In ihrer Vielzahl sind sie Feuerflammen vergleichbar, die die Worte der Tora offenbaren. Auch hier finden sich die aus der Apostelgeschichte notierten Motive: Donner vom Himmel, Feuer als Bild für Stimmenvielfalt, die Verständlichkeit der Worte für jeden Menschen nach seinem Vermögen.

Philo von Alexandrien

Eine ähnliche Vorstellung entfaltet der jüdische Religionsphilosoph Philo von Alexandrien (gest. 50 n. Chr.) in einem Text, der noch älter ist als die rabbinische Tradition und auch älter als das Lukasevangelium. In der Auslegung der Zehn Gebote (Dekalog) schreibt Philo über den Satz in 2. Mose 20,18 (*alles Volk wurde Zeuge von dem Donner* … wörtlich: *alles Volk sah die Stimme*):

Eine furchteinflößende Stimme ertönte darauf mitten aus dem Feuer, das vom Himmel herabkam. Die Flamme (wurde) zu verstehbaren Lauten, die den Hörenden vertraut waren, und das Gesprochene klang so deutlich, dass man es eher zu sehen als zu hören meinte. (De Decalogo [Über die Zehn Gebote] 33)

Gabe der Tora – Gabe des Geistes

Die symbolische Motivik des jüdischen Wochenfestes gestaltet Lukas in der Pfingstgeschichte um: An die Stelle der Gabe der Tora tritt die Gabe des Geistes. Die identischen Begleiterscheinungen zeigen den inneren Zusammenhang an: Der geschenkte Geist lässt die Bedeutung von Person und Auftrag Jesu aus den Traditionen der Schrift heraus buchstäblich »ein-leuchten«, das heißt verstehbar werden. Mit diesen Anspielungen auf die Traditionen des Wochenfestes greift er auf überliefertes Material zurück, das seinen Ursprung wahrscheinlich in der frühen jüdisch-christlichen Gemeindetradition in Jerusalem hat. Diese frühe Gemeinde war sehr stark von ihren jüdischen Wurzeln geprägt, ein Rückgriff auf jüdische Tradition lag bei der Beschreibung des neuen Anfangs nahe. Die Frage nach der treibenden Kraft des neuen Glaubens wird mit dem Hinweis auf den Heiligen Geist beantwortet: Der Geist Gottes lässt die Herzen der Menschen »brennen«, sie werden »be-geistert« und dazu getrieben, Gottes große Taten zu verkünden (Apg 2,11). Die Bildhaftigkeit der Sprache ist auch in den Wortschatz der Gegenwart eingegangen.

Die jüdischen Wurzeln der Gemeinde

Und weiter: Der Geist als Gabe Gottes an die Verkündiger seiner großen Taten tritt an die Stelle der Gabe der Tora am Sinai. Freilich ist es nicht ein Ersatz, bei dem das Ersetzte (die Tora) spurlos verschwindet und keine Rolle mehr spielt, sondern es geht um eine Verhältnisbestimmung zwischen der heiligen Schrift des Gesetzes und dem heiligen Geist der Verkündigung: Die Schriften Israels, die ohnehin von Gottes Geist durchdrungen sind, weisen auf das Heil der letzten Zeit hin, eine Zeit, in der die Menschen ganz »im Geist Gottes« leben. Dazu wird ausdrücklich die Schrift zitiert, aus dem Prophetenbuch Joel 3,1–5 (vgl. Apg 2, 17–21). Die hier angekündigte Geistsendung sieht Lukas in dem nach außen hin merkwürdig anmutenden Ereignis in Jerusalem erfüllt. Wenn nun aber dies eine interpretierende Darstellung des Lukas ist und kein historisches Geschehen im modernen Sinne, worum handelt es sich dann bei den beschriebenen Sprachenphänomenen?

Brennpunkt: Sprachbegabung

Ein merkwürdiges Phänomen

Die Forschung zur Apostelgeschichte beschäftigt sich im Blick auf das von Lukas beschriebene Geschehen mit zwei Erklärungsmustern: Handelt es sich um das ekstatische Phänomen der so genannten Glossolalie oder um ein Fremdsprachenwunder?

Von der Glossolalie (griechisch: Reden in [unbekannten] Sprachen) wissen wir aus dem ersten Brief des Paulus an die Gemeinde in Korinth, dass es dieses Phänomen neben anderen in den frühen Gemeinden gab (1. Kor 12–14). In religiöser Ekstase werden unverständliche Laute hervorgebracht – ein Geschehen, das zahlreiche religionsgeschichtliche Parallelen hat und bis heute in verschiedenen Religionen vorkommt. Von Paulus wird es im christlichen Kontext als ein Geschenk Gottes verstanden, das zum Aufbau und zur Stärkung der Gemeinde dient. Da es sich aber zunächst um eine Redeweise handelt, die nicht aus sich selbst heraus verständlich ist, bedarf sie der interpretierenden Übersetzung. Sie muss also durch andere, erklärende Worte ergänzt werden und hat daher ihren Platz in der Gemeindeversammlung. Für missionarische Zwecke dagegen hält Paulus sie für ungeeignet. Aber gerade in einem missionarischen Kontext steht das Sprachenphänomen im 2. Kapitel der Apostelgeschichte – Lukas hat hier also wahrscheinlich etwas anderes im Blick als Paulus im Korintherbrief.

Sprache und Verstehen

Schon ein erstes unbefangenes Lesen macht deutlich, dass es um die Vermittlung der Botschaft in den vielen Sprachen des römischen Imperiums geht: ein Problem der Anfangszeit, das Lukas als solches reflektiert (Apg 2,8):

Wie hören wir denn jeder seine eigene Muttersprache [griechisch: dialektos]?

Apg 4,13

Lukas bezeichnet die Redenden (Apostel) in Vers 7 ausdrücklich als Leute aus Galiläa. Deren Muttersprache war ein oft verspotteter Dialekt des Aramäischen; ihnen war eine weltweite Mission in den Sprachen des Imperiums nicht zuzutrauen. Auf dieses Bildungsvorurteil weist vielleicht auch Apg 4,13:

Sie sahen aber den Freimut des Petrus und Johannes und wunderten sich; denn sie merkten, dass sie ungelehrte und einfache Leute waren … Apg 4,13

Die »Heiligkeit« des Geistes

Auf diesem Hintergrund bekommt die Pfingstgeschichte des Lukas eine eindeutige Tendenz: Sie erzählt nicht nur, dass der Heilige Geist nach Maßgabe der heiligen Schriften den Aposteln geschenkt worden ist, sondern macht zugleich deutlich, worin die Wirkung beziehungsweise die Heiligkeit des Geistes liegt: Er bewirkt die Sprachfähigkeit der Verkündiger und er ermöglicht so das Verstehen der Hörenden. Und »heilig« ist der Geist deshalb, weil es in dieser Verkündigung um jene großen Taten der Zuwendung Gottes geht, die den Menschen einen neuen Weg zu Glauben, Vertrauen und Hoffnung weisen. Die sogenannte Pfingstpredigt des Petrus erläutert es ausdrücklich (Apg 2,14–36): Es geht um das Handeln Gottes an dem Menschen Jesus von Nazareth zugunsten derer, die jenem Weg folgen, der von diesem Messias (= Christus) Jesus gewiesen wurde.

Pfingsten – Die Kraft des Neubeginns

Das eigentliche Pfingstgeschehen ist also primär weder die Beschreibung der Gründung der Kirche noch die wunderbaren Begleiterscheinungen, die letztlich äußerlich bleiben und für Außenstehende einen eher zweifelhaften Eindruck hinterlassen und zu drastischem Spott führen: *Sie sind voll von süßem Wein* (Apg 2,13). Im Zentrum der Darstellung steht vielmehr die Erfahrung von Menschen, die verstehen, was Gottes Taten für ihr eigenes Leben bedeuten. Dieses Verstehen wird auf die Wirkung des von Gott geschenkten Geistes zurückgeführt, die immer zwei Seiten hat: die der Verkündigenden und die der Hörenden. Der Geist Gottes ist mit diesen Auswirkungen gleichsam ein »Unterpfand« – so nennt es Paulus (2. Kor 5,5) –, ein Pfand dafür, dass Gott seine Schöpfung nicht im Stich lässt, sondern Wege aus einer leid- und toderfüllten Welt aufzeigt, neue Lebenskraft vermittelt auf einem Weg, der zum Leben selbst hinführt.

Der Geist als Pfandbrief Gottes

Das ist es, was die Feste Ostern, Himmelfahrt und Pfingsten in einen großen Zusammenhang stellt: Es geht um die Wirkungsweise Gottes im Leben der Menschen und die Rolle, die der Mensch und prophetische Lehrer Jesus von Nazareth dabei spielt. An ihm und seinem Schicksal wird beispielhaft die Lage der Menschheit vor Gott offenkundig: Die Machthaber der Zeit haben, von ihren ideologischen Interessen geleitet, den gekreuzigt beziehungsweise kreuzigen lassen, der zu ihnen von Gottes Nähe und Liebe sprach. Die Erfahrung der Auferweckung dieses Jesus von Nazareth lässt in denen, die sie machen, die Erkenntnis Gestalt gewinnen, dass Gott trotzdem zu dieser Botschaft steht. So wird der gekreuzigte Mensch Jesus für sie zum Christus, zum Messias, zum Befreier aus den Gefangenschaften ihres Lebens. Daraus erwächst ihnen der Mut und die »Begeisterung«, dies als heilvollen, lebensförderlichen Weg zu verkündigen.

»Begeisterung« und Freimut

Den Mut, der aus der »Be-Geisterung« (man beachte die Bildhaftigkeit der modernen Sprache!), aus der Geistbegabung zur Verkündigung erwächst, nennt Lukas an vielen Stellen seiner Apostelgeschichte »Freimut« (griechisch: **parrhesia**, eigentlich: die Rede trotz aller Widerstände). Freimut ist eines der zentralen Worte für die Beschreibung der Motivation der ersten Verkündiger. Freimut ist Auswirkung der neuen »Begeisterung« für einen Weg, der zu einer Lebensweise führt, die man bisher nicht kannte oder für die man bisher kein Verständnis hatte. Diese neue Perspektive wird durch Gottes Taten möglich und durch die Wirkung des Geistes vermittelt.

Brennpunkt: Jesus und »der Andere«

Der Zusammenhang zwischen der Gabe des Geistes und der Gemeinde wird im Johannesevangelium besonders eindrucksvoll interpretiert. Das Johannesevangelium ist noch etwa zehn bis zwanzig Jahre jünger als das Doppelwerk des Lukas und zeigt, wie intensiv in den christlichen Gemeinden gerade über diesen Zusammenhang nachgedacht wurde: dass Jesus nicht mehr da war, dass die Erfahrungen der ersten Apostel mit ihm aufhörten, und schließlich über die Frage, die dadurch aufkam, wie nämlich er und mit ihm Gottes Taten weiterhin wirksam sind, in den entstehenden Gemeinden und in der Welt, in der sie lebten.

Der Geist im Johannesevangelium

Johannes erwähnt schon im dritten Kapitel des Evangeliums die grundlegende Bedeutung des Heiligen Geistes am Beginn des christlichen Lebens. Er nennt als den Ort der Geistwirkung das, was er aus der christlichen Tradition kennt: die Taufe. Aber er versteht sie auf eine eigene Weise (Joh 3): Taufe ist wie eine Neugeburt durch Wasser (äußerer Ritus) und Geist (innere Wirksamkeit). Die Taufe ist also für Johannes der »Ort« des eigentlichen Pfingstereignisses. Damit will er nicht etwa die Schilderung wie die des Lukas korrigieren, sondern er weist darauf hin, worauf es wesentlich ankommt: Derselbe Geist Gottes, der in der Botschaft Jesu zum Ausdruck kommt und in seinem Schicksal wirksam war, ist für die einzelnen Glaubenden auch weiterhin bedeutsam. Aber das Johannesevangelium bleibt nicht bei dieser allgemeinen Feststellung stehen, es geht noch einen Schritt weiter.

Taufe und Geist

In einem langen Passus in der Mitte des Evangeliums spricht Jesus in so genannten Abschiedsreden (Joh 13–16) zu seinen Jüngern. Grundlegendes Thema ist auch hier das Verstehen seiner Person. An einer Stelle wird ausführlich über die Folgen seines Weggehens reflektiert (Joh 15,26f.):

Wenn aber der Tröster kommen wird, den ich euch senden werde vom Vater, der Geist der Wahrheit, der vom Vater ausgeht, der wird Zeugnis geben von mir. Und auch ihr seid meine Zeugen, denn ihr seid von Anfang an bei mir gewesen. Joh 15,26f.

Weiter heißt es (Joh 16,8–14):

Und wenn er kommt, wird er der Welt die Augen auftun über die Sünde und über die Gerechtigkeit und über das Gericht; über die Sünde: dass sie nicht an mich glauben; über die Gerechtigkeit: dass ich zum Vater gehe und ihr mich hinfort nicht seht; über das Gericht: dass der Fürst dieser Welt gerichtet ist. Ich habe euch noch viel zu sagen; aber ihr könnt es jetzt noch nicht ertragen. Wenn aber jener, der Geist der Wahrheit, kommen wird, wird er euch in alle Wahrheit leiten. … Er wird mich verherrlichen; denn von dem Meinen wird er's nehmen und euch verkündigen. Joh 16,8–14

Der Geist der Wahrheit

Während bei Lukas in der Apostelgeschichte offen bleibt, woher der Geist eigentlich kommt und man nur aus der Himmelsmetaphorik auf Gott schließen kann, gestaltet Johannes die Sache konkreter: Jesus selbst schickt den Geist vom Vater, von Gott her. Der Geist übernimmt die Funktion, die Jesus bisher gegenüber seinen Jüngern wahrgenommen hatte: Aufgrund dieser Funktion ist der Geist ein Geist der Wahrheit, der **zum Verstehen des Lebens** in allen seinen Bezügen anleitet und so mit einem Wegbegleiter vergleichbar ist. Johannes gibt ihm unter diesem Vorzeichen einen Namen: **parakletos,** und nennt ihn den »anderen« parakletos – derjenige, der nach Jesus kommt und seine Aufgabe der Wegführung übernimmt.

Luther übersetzte den griechischen Begriff parakletos mit »Tröster« und gab damit die Situation wieder, die auch Johannes vor Augen hatte: Eine Situation der Ablehnung, des Hasses und gar der Verfolgung seitens der »Welt«. Gemeint sind die als lebensabträglich und lebensbedrohlich empfundenen Herrschafts- und Ideologiestrukturen der Welt, in der die Gemeinden lebten. Aber der Begriff des parakletos ist noch reicher und offener für andere Lebensbezüge. Er hat nicht nur den Aspekt des Trostes im Leid, sondern auch den der Ermutigung, der Aufmunterung, der Erklärung von Lebenszusammenhängen und schließlich auch der Ermahnung im Sinne von Rückbesinnung auf das, was ein verantwortungsvolles, kritisch-konstruktives »heilvolles« Dasein in den Strukturen der Welt möglich werden lässt (Joh 14,26):

Aber der Tröster, der Heilige Geist, den mein Vater senden wird in meinem Namen, der wird euch alles lehren und euch an alles erinnern, was ich euch gesagt habe.

Joh 14,26

Die Botschaft von Gottes Liebe muss verstehbar sein

Vom Beginn der Kirchengeschichte an wird das Problem des Verstehens und der verständlichen Vermittlung von Glaubensinhalten thematisiert. Lukas hatte ein anschauliches Bild davon entworfen, worin er die Wirksamkeit der Botschaft von Tod und Auferweckung begründet sieht: In der verständlichen Verkündigung, die den Lebenskontext der Menschen nicht ignoriert, sondern einbezieht und die Botschaft in diesen Kontext hinein auslegt. So ist man in der Tat versucht, hierfür das anschauliche deutsche Wort »einleuchtend« zu verwenden, denn in seiner Bildhaftigkeit macht es deutlich, worum es geht: Die Botschaft von Tod und Auferweckung Jesu, in der die Liebe Gottes zu seiner Schöpfungswelt zum Ausdruck kommt, muss »ein-leuchten«, verstehbar werden und dem Leben dienen. Diese Tiefendimension der Wirkungen des Geistes Gottes, die Lukas in der Pfingstgeschichte mit Hilfe des Sprachenphänomens beschreibt, wird bei Johannes gleichsam in einem Diskurs interpretiert und konkretisiert.

Ein Bedenken zum Schluss

Wissenschaftlichkeit kontra Verständlichkeit

Die folgende Behauptung kann an dieser Stelle nicht wirklich begründet werden. Sie leitet sich aber aus den Gedanken und Prinzipien der Wirksamkeit des Geistes fast notwendig ab. Wenn die verständliche (»ein-leuchtende«) Verkündigung der »großen Taten Gottes« dazu führt, dass diese Botschaft Menschen »durchs Herz geht«, wenn sie anschließend fragen, was sie tun sollen (Apg 2,27) und dies zur Folge hat, dass die Gemeinde wächst, dann ist wohl der Schluss auf die gegenwärtige Situation der Kirche in umgekehrter Weise nicht allzu verfehlt. Die immer kleiner werdende Zahl von Christen und Christinnen in unserer Zeit – über die geklagt und gespottet wird – liegt möglicherweise vor allem daran, dass weder die wissenschaftliche Theologie noch die vielen Verkündiger und Verkündigerinnen der Kirche es verstehen, die Botschaft der großen Taten Gottes wirkungsvoll – eben »einleuchtend« – in den Lebenskontext der Menschen hinein zu vermitteln.

»Übersetzung« des Evangeliums

Es ist bezeichnend, dass es nach dem ältesten Fest – Ostern – gerade die späten Traditionen des Neuen Testaments waren, die zur Grundlage für die großen Feste der Kirche wurden. Denn es sind diese späten Traditionen, die in besonderer Weise Zeugnis ablegen von den andauernden und immer wieder aktuellen Verstehensbemühungen um die Person Jesu, sei es im Blick auf seine

Geburt (Weihnachten) oder im Blick auf seine bleibende Wirksamkeit nach seinem Tod (Himmelfahrt/Pfingsten). Gerade die Geschichten, die Lukas über den Neuanfang der Apostel und die Entstehung von Gemeinden erzählt, weisen darauf hin, dass eine solche Übersetzung des Evangeliums in den Lebenskontext keine einmalige Sache ist, die man in einer bestimmten gelehrten Exegese und Dogmatik ein für allemal fertig hat und präsentieren könnte. Das würde sich sogar negativ auswirken, weil sich der Lebenskontext der Menschen immer wieder verändert. Solche Veränderungen führen immer wieder in notwendige Auseinandersetzungen, die dann fruchtbar und im Sinne des Geistes Gottes wirkungsvoll sind, wenn sie zu gemeinsamen Diskursen über das führen, was das Leben ausmacht, wenn sie Perspektiven aufzeigen, auf deren Grundlage die lebensabträglichen Seiten vermindert oder gar beseitigt werden können. Eben darum ging es Lukas in einer besonderen Weise, aber natürlich nicht nur ihm.

Ecclesia semper reformanda

Das alles ist keine neue Erkenntnis. Kein geringerer als der Reformator Martin Luther hat das Wort von der **ecclesia semper reformanda** geprägt, von der Kirche, die immer zu erneuern ist. Er hatte noch die katholische Kirche seiner Zeit im Blick. Heute gilt dieser Satz für alle seither entstandenen christlichen Konfessionen vor allem westlicher Provenienz, ob protestantische oder katholische. Wenn die Kirchen, ihre Verkündiger und ihre Theologie dies tatsächlich als Grundprinzip nicht nur vertreten, sondern auch umsetzen würden, dann bestünde keine Gefahr, dass die christliche Botschaft durch pseudowissenschaftliche Denunziationen seitens der modernen Medien verspottet wird, wie man sich bereits über die Apostel lustig gemacht hat (Apg 2,13). Sachgemäße Information muss einhergehen mit der Anleitung zu einem sachgemäßen (»geistgewirkten« – »einleuchtenden«) Verstehen dessen, was es mit dem sogenannten historischen Jesus auf sich hat, und wie die frühen Gemeinden darum gerungen haben, die Botschaft und das Schicksal dieses Propheten und Lehrers aus Galiläa so zu verstehen, dass ihnen selbst ein gelingendes Leben vor Gott und Menschen möglich wurde. Vieles konnte damals nicht anders ausgedrückt werden als mit traditionellen Vorstellungen, in einer bildreichen Sprache voll tiefgründiger und wirk-

Der »historische« Jesus und das Leben der Menschen

lichkeitserschließender Symbolik. Daran hat sich bis heute nichts Wesentliches geändert. Dabei war man sich des Verwobenseins vieler Dimensionen von Wirklichkeit bewusst. Deshalb greifen in den Texten, die unter solchen Voraussetzungen entstehen, »historische Tatsachen« und ihre Deutungen stets ineinander. Man darf heute nicht das eine mit dem anderen verwechseln.

Ein solches Denken und das Wissen um die vielfältigen Dimensionen der Lebenswirklichkeit und ihrer gegenseitigen Verschränktheit und Zusammengehörigkeit ist dem modernen (oder postmodernen) Menschen gründlich ausgetrieben worden. Man fragt lieber danach: War es so oder nicht? Hat es sich so abgespielt oder nicht? Mit der Konsequenz: Wenn es nicht so war, wenn es sich nicht so abgespielt hat, dann ist alles Schwindel und ohne Bedeutung!

Wahrnehmung der Wirklichkeit

Freilich ist auch diese sich kritisch gebende Fragestellung längst überholt, und wer dies als die einzig mögliche Herangehensweise an das Verstehen der überkommenen Traditionen ansieht, zeigt nur seine Ignoranz der Wirklichkeit gegenüber. Denn jede Wahrnehmung von Wirklichkeit beruht auf einer Rekonstruktion, die jeweils von den Bedingungen abhängig ist, aus denen sie hervorgeht. Das betrifft den scheinbar sich auf Fakten beziehenden Historiker genauso wie den mystisch-abergläubischen Menschen – um nur zwei Extreme zu nennen. Dazwischen gibt es alle möglichen Formen von Wirklichkeitsdeutung. Das alles aber hat mit dem Erschließen von Lebenswirklichkeit oder auch nur von Lebensmöglichkeit, um die sich die biblischen Texte mühen, nicht viel zu tun und wird ihnen nicht annähernd gerecht.

Sich zu öffnen gegenüber den Entstehungsbedingungen dieser uns so fremden Texte, verschiedene Fragestellungen zuzulassen und nicht nur einseitige historische, dogmatische, spirituelle oder gar ideologische Prinzipien – darin liegt die große Herausforderung der christlichen Theologie und Verkündigung in unserer Zeit. Eine solche Aufgeschlossenheit ist es, die dem »Freimut« der frühen Gemeinden zutiefst entspricht und die unter der Verheißung jenes Geistes steht, der den Menschen das Verstehen ihres Lebens in einem anderen, erneuernden und belebenden Licht möglich werden lässt.

Weihnachten – Fest der Geburt Christi

Zur Einführung

Weihnachten – ein christliches Fest?

Kaum jemand wird bestreiten, dass Weihnachten für die meisten Menschen des christlichen Kulturkreises zum wichtigsten Fest des Jahres geworden ist. Schon Wochen vorher beginnt man, Städte, Häuser und Räume zu schmücken, Geschenke vorzubereiten und vieles mehr. Auch ohne christlichen Glaubenshintergrund wird wohl kaum eine Familie auf die Weihnachtsfeier verzichten, obwohl es sich um ein **christliches** Fest handelt: Auch dieses Fest hat sich von seinen Ursprüngen weitgehend gelöst, es ist zu einem Ereignis geworden, das man unabhängig davon feiern kann.

Gerade in diesem Zusammenhang mag es erstaunen, dass die frühen christlichen Gemeinden des 1., 2. und 3. Jahrhunderts kein Weihnachtsfest kannten. Von der frühen Zeit an bis hinein in das 3. Jahrhundert gab es außer dem Osterfest überhaupt keine christlichen Jahresfeste. Selbst das Osterfest ist erst ab dem 2. Jahrhundert bezeugt. Die Anfangszeit war noch ganz bestimmt von der Bedeutung, die man dem Tod und der Auferweckung Jesu Christi beigemessen hat.

Die Feier des Weihnachtsfestes

Ein christlicher Kaiser

Erst im 4. Jh. n. Chr. änderte sich die Situation. Nach der so genannten Konstantinischen Wende, als der römische Kaiser Konstantin als erster Imperator zum Christentum übertrat, begann man im Westen des römischen Kaiserreiches, und zwar in Rom am 25. Dezember des Jahres 336, das Fest der Geburt Christi zu feiern. Zum gesamtkirchlichen Feiertag wurde dieser Termin erst im 9. Jahrhundert.

Der römische Kalender und das Fest des Sonnengottes

Im Unterschied zum Osterfest, das auf die jüdische Passafeier zurückgeht und wegen seiner zeitlichen Bindung an den jüdischen Mondkalender einen flexiblen Termin hat, handelt es sich beim Weihnachtsfest um ein unveränderliches Datum, orientiert am bis heute gültigen römischen Kalender, der das Jahr nach dem Lauf der Sonne gliedert. Vor Konstantin hatte im Jahre 274 n. Chr. der römische Kaiser Aurelian für den 25. Dezember dem »unbesiegten

Kaiser Konstantin

Sonnengott« (lateinisch: **sol invictus**) ein Fest gewidmet, in unmittelbarer Nähe zur Wintersonnenwende. Mit dem Aufstieg des Christentums zur Reichsreligion unter Konstantin wurde dieses Fest des höchsten, neu erstarkenden Sonnengottes umgewidmet zum Fest der Geburt Christi. Der Termin am 25. Dezember blieb erhalten; an die Stelle des heidnisch-römischen Festes des Sonnengottes trat das Fest der Menschwerdung des höchsten Gottes des Christentums. Bis heute blieb dieser Zusammenhang erhalten, denn man verbindet auch von Christus her mit dem Weihnachtsfest Dinge wie Licht, Wärme, Erleuchtung und so weiter. Die Umwidmung von Festen geschieht in der Geschichte der Religionen immer wieder. Dieses Phänomen zeigt, dass die Gottesvorstellungen in vielen Religionen Ähnlichkeiten aufweisen, die es ermöglichen, bestimmte Begriffe zu übertragen oder zu ersetzen und sie mit neuen Namen und Inhalten zu verbinden.

Exkurs: Weihnachten und Epiphanias

Das »Goldene Zeitalter«

Vor der Festlegung des Geburtsfestes Christi im 4. Jahrhundert auf den 25. Dezember beging man im Osten des römischen Imperiums, vor allem in Ägypten und Syrien, den 6. Januar als Gedenktag der Geburt Christi. Diese Feier wurde Epiphanias-Fest genannt, die Geburt Christi als das Erscheinen (griechisch: **epiphania**) Gottes in diesem Menschen verstehend. Wie der 25. Dezember geht auch der 6. Januar auf den Termin eines römischen Festes zurück, das man seit vorchristlicher Zeit aus Anlass der Geburt des Aion-Kindes aus der Kore beging. Kore bezeichnet in der griechisch-römischen Mythologie die Jungfrau, das Aion-Kind repräsentiert das sogenannte »goldene Zeitalter« (griechisch: **aion** = Zeitalter). Dabei spielten Sternen- und Planetenbeobachtung eine wichtige Rolle. Durch sie war der Aion-Tag mit der Erwartung des neuen Herrschers für jenes »goldene Zeitalter« verbunden. Hier deutet sich bereits ein wesentlicher religionsgeschichtlicher Hintergrund für das Verständnis der Weihnachtsgeschichten an. Von Autoren des 4. und 5. Jahrhunderts wird das Epiphanias-Fest bereits als alte Tradition bezeichnet, seine Entstehung dürfte deshalb mindestens bis zum Anfang des 4. Jahrhunderts zurückreichen. Die konkreten Ursprünge dieses Festes liegen freilich im Dunkeln. Eine biblische Grundlage bieten vor allem Texte aus einem Brief des Neuen Testaments, der unter dem Namen des Paulus an Titus geschrieben wurde (Tit 2,11):

Die Jungfrau Kore

Tit 2,11

Denn es ist erschienen die heilsame Gnade Gottes allen Menschen …

Die Taufe Jesu

Mit dem Epiphanias-Fest verband man nicht nur die Geburt Jesu, sondern auch seine Taufe durch Johannes den Täufer. Auf das Thema Taufe weist der Text (Tit 3,4f.) ausdrücklich hin:

Tit 3,4f.

Als aber erschien die Freundlichkeit und Menschenliebe Gottes, unseres Heilands, machte er uns selig … durch das Bad der Wiedergeburt und Erneuerung im heiligen Geist.

Solchen Texten entsprechend fanden an diesem Festtag häufig Taufen statt oder die Vorstellung der Täuflinge, die dann zum

Osterfest getauft werden sollten. Nach der Einführung des Weihnachtsfestes am 25. Dezember in der weströmischen Kirche verbleibt die Feier der Taufe Jesu als Inhalt des 6. Januar. Im Osten freilich war diese Trennung nicht unumstritten und hat sich auch nicht überall durchgesetzt. Bis heute feiert etwa die Russisch-Orthodoxe Kirche die Geburt Christi am 7. und 8. Januar; die Armenische Kirche feiert Epiphanias und Weihnachten am 19. und 20. Januar. Im Westen des Imperium Romanum ist das Epiphaniasfest erst Anfang des 5. Jahrhunderts eingeführt worden. Papst Leo der Große macht in seinen Epiphanias-Predigten die Anbetung der Magier beziehungsweise Könige zum Hauptthema des Epiphanias-Festes. In seine Amtszeit (440–461) fällt jenes große ökumenische Konzil von Chalzedon (451), auf dem um die dogmatische Frage nach den zwei Naturen in Christus, der göttlichen und der menschlichen, gerungen wurde. Und gerade in dieser Zeit kommen die Geburtsfeste Christi auf, die ganz von der Vorstellung seiner göttlichen Herkunft bestimmt sind.

Der Begriff »Weihnachten«

Erstaunlich mag für viele sein, dass das Wort »Weihnachten« im Neuen Testament nicht vorkommt. Noch im 4. Jahrhundert hieß das Weihnachtsfest »Geburtstag des Herrn« (lateinisch: **dies navitatis**), bis heute in den romanischen Sprachen erkennbar – **natale** (italienisch); **navidad** (spanisch); **noël** (französisch). Der deutsche Begriff Weihnachten dagegen stammt aus der germanischen Sprachtradition: Die Nacht der Geburt Christi verstand man als eine geweihte, heilige Nacht. Bereits an dieser abgeleiteten Bezeichnung, die ein bestimmtes theologisches Verständnis einbringt, wird deutlich, dass man in der Beschäftigung mit dem Weihnachtsfest seinen **ursprünglichen** Inhalt von den Ausgestaltungen durch volkstümliches Brauchtum oder theologische Deutungen unterscheiden muss. Gerade das Brauchtum zu Weihnachten ist enorm vielfältig, stets aber erst sekundär mit dem Fest verbunden worden und hat meist nichts oder nicht viel mit seinem Ursprung zu tun. Der bei uns verbreitete Weihnachtsbaum beispielsweise – als immergrüner Baum Symbol des Lebens –,

Geburtstag des Herrn

Weihnachtsbaum

geht auf das biblische Motiv des Lebensbaumes aus der Paradiesgeschichte zurück. Er wurde wahrscheinlich erst im 18./19. Jahrhundert gebräuchlich.

Bischof Nikolaus

Auch Geschenke gehörten nicht von Anfang an zum Weihnachtsfest hinzu. Sie waren ursprünglich mit dem Fest des heiligen Nikolaus, des Bischofs von Myra verbunden (gestorben um 342), das seit dem 6. Jahrhundert belegt ist und im 13. Jahrhundert vom 28. auf den 6. Dezember verlegt wurde. Martin Luther regte 1535 an, das Schenken mit dem Weihnachtsfest zu verbinden, als symbolischen Hinweis darauf, dass Christus selbst das Geschenk Gottes an die Menschen ist.

Die Ursprünge im Neuen Testament: Historische Hintergründe und theologische Interpretation

Unterschiede in der Überlieferung

Die Texte, die über die Geburt Jesu informieren und die auch jeweils in den Weihnachtsfestgottesdiensten gelesen werden, finden sich nur in zwei der vier Evangelien des Neuen Testaments, im Matthäusevangelium und im Lukasevangelium. Das älteste Evangelium, das Markusevangelium, hat kein Interesse an diesen so genannten Vorgeschichten, sondern beginnt seine Erzählung mit dem öffentlichen Auftreten Jesu als Wanderprediger in Galiläa. Geburt, Kindheit und Jugend spielen hier keine Rolle.

Allein diese Tatsache lässt bereits vermuten, wie die Texte über Jesu Geburt einzuschätzen sind, denn Matthäus und Lukas schreiben in einer späteren Zeit (zwischen 70–90 n. Chr.) und kannten das Markusevangelium (verfasst zwischen 65–70 n. Chr.). Die älteste Tradition blieb uns von dem urchristlichen Missionar und Apostel Paulus erhalten, der in einem Brief Mitte der fünfziger Jahre des 1. Jahrhunderts auf die Geburt Jesu zu sprechen kommt und dabei nichts Besonderes erzählt (Gal 4,4):

Als aber die Zeit erfüllt war, sandte Gott seinen Sohn, geboren von einer Frau und unter das Gesetz getan, damit er die, die unter dem Gesetz waren, erlöste …

Gal 4,4

Ob Paulus Überlieferungen über die Geburt Jesu kannte, ist nicht auszumachen. Er erweckt hier jedoch eher den Eindruck, als sei die Geburt Jesu so unspektakulär und natürlich gewesen wie die jedes anderen Menschen auch. Gegenüber diesen Traditionen füllen also das Matthäus- und das Lukasevangelium in je ihrer eigenen Weise eine »Leerstelle« auf. Sie ergänzen die Darstellung des Lebens Jesu, die sie bei Markus vorfinden, in einem für religiöse Traditionen wichtigen Punkt, nämlich der **Frage nach dem Ursprung** jener bedeutenden Persönlichkeit, deren Tod und Auferweckung als heilbringende Ereignisse schon geraume Zeit mit Erfolg verkündet wurden. Je länger je mehr war man aber an ausführlicheren Darstellungen und Interpretationen des Lebens Jesu interessiert. So sind die Geburtsgeschichten der beiden Evangelien spätere, sekundäre Ergänzungen zum ursprünglichen Evangelium, das noch ganz auf das Todesschicksal Jesu ausgerichtet war. Sie sind mehr als andere Texte der Evangelien von christlich-theologischen Interessen geprägt, so dass hier verstärkt mit einer Überlagerung des historisch Wahrscheinlichen durch legendenhafte Züge gerechnet werden muss.

Ein Mensch wie andere auch und doch anders

Schon ein erster Vergleich der neutestamentlichen Texte zeigt deutliche Unterschiede – bis hin zu einer nicht aufzulösenden Widersprüchlichkeit –, und man findet nur wenige Gemeinsamkeiten. Dies hat freilich nichts mit der Frage nach dem »Wert« der Texte zu tun, denn der Wert religiöser Überlieferung dieser Art bemisst sich nicht an historischen Kategorien, wie sie heute von außen an die Texte herangetragen werden. Den Verfassern und ihren zeitgenössischen Leserinnen und Lesern lagen solche Maßstäbe fern; die Wahrheit ihrer Aussagen war nicht an historische Glaubwürdigkeit gebunden.

Legende und Widersprüche?

Matthäus 1,18–2,23:

Die Geburt Jesu Christi geschah aber so: Als Maria, seine Mutter, dem Josef vertraut war, fand es sich, ehe er sie heimholte, dass sie schwanger war von dem Heiligen Geist. Josef aber, ihr Mann, war fromm und wollte sie nicht in Schande bringen, gedachte aber, sie heimlich zu verlassen. Als er das noch bedachte, siehe, da erschien ihm der Engel des Herrn im Traum und sprach: Josef, du Sohn Davids, fürchte dich nicht,

Maria, deine Frau, zu dir zu nehmen; denn was sie empfangen hat, das ist von dem Heiligen Geist. Und sie wird einen Sohn gebären, dem sollst du den Namen Jesus geben, denn er wird sein Volk retten von ihren Sünden. Das ist aber alles geschehen, damit erfüllt würde, was der Herr durch den Propheten gesagt hat, der da spricht (Jesaja 7,14): »Siehe, eine Jungfrau wird schwanger sein und einen Sohn gebären, und sie werden ihm den Namen Immanuel geben«, das heißt übersetzt: Gott mit uns. Als nun Josef vom Schlaf erwachte, tat er, wie ihm der Engel des Herrn befohlen hatte, und nahm seine Frau zu sich. Und er berührte sie nicht, bis sie einen Sohn gebar; und er gab ihm den Namen Jesus.

Als Jesus geboren war in Bethlehem in Judäa zur Zeit des Königs Herodes, siehe, da kamen Weise aus dem Morgenland nach Jerusalem und sprachen: Wo ist der neugeborene König der Juden? Wir haben seinen Stern gesehen im Morgenland und sind gekommen, ihn anzubeten. Als das der König Herodes hörte, erschrak er und mit ihm ganz Jerusalem, und er ließ zusammenkommen alle Hohenpriester und Schriftgelehrten des Volkes und erforschte von ihnen, wo der Christus geboren werden sollte. Und sie sagten ihm: In Bethlehem in Judäa; denn so steht geschrieben durch den Propheten (Micha 5,1): »Und du, Bethlehem im jüdischen Lande, bist keineswegs die kleinste unter den Städten in Juda; denn aus dir wird kommen der Fürst, der mein Volk Israel weiden soll.« Da rief Herodes die Weisen heimlich zu sich und erkundete genau von ihnen, wann der Stern erschienen wäre, und schickte sie nach Bethlehem und sprach: Zieht hin und forscht fleißig nach dem Kindlein; und wenn ihr's findet, so sagt mir's wieder, dass auch ich komme und es anbete. Als sie nun den König gehört hatten, zogen sie hin. Und siehe, der Stern, den sie im Morgenland gesehen hatten, ging vor ihnen her, bis er über dem Ort stand, wo das Kindlein war. Als sie den Stern sahen, wurden sie hocherfreut und gingen in das Haus und fanden das Kindlein mit Maria, seiner Mutter, und fielen nieder und beteten es an und taten ihre Schätze auf und schenkten ihm Gold, Weihrauch und Myrrhe. Und Gott befahl ihnen im Traum, nicht wieder zu Herodes zurückzukehren; und sie zogen auf einem andern Weg wieder in ihr Land. Als sie aber hinweggezogen waren, siehe, da erschien der Engel des Herrn dem Josef im Traum und sprach: Steh auf, nimm das Kindlein und seine Mutter mit dir und flieh nach Ägypten und bleib dort, bis ich dir's sage; denn Herodes hat vor, das Kindlein zu suchen, um es umzubringen. Da stand er auf und nahm das Kindlein und seine Mutter mit sich bei Nacht und entwich nach Ägypten und blieb dort bis nach dem Tod des Herodes, damit erfüllt würde, was der Herr durch den Propheten gesagt hat, der da spricht (Hosea 11,1): »Aus Ägypten habe ich meinen Sohn gerufen.« Als Herodes nun sah, dass er von den Weisen betrogen war, wurde er sehr zornig und schickte aus und ließ alle Kinder in Bethlehem töten und in der ganzen Gegend, die zweijährig und darunter waren, nach der Zeit, die er von den Weisen genau erkundet hatte. Da wurde erfüllt, was gesagt ist durch den Propheten Jeremia, der da spricht (Jeremia 31,15): »In Rama hat man ein Geschrei gehört, viel Weinen und Wehklagen; Rahel beweinte ihre Kinder und wollte sich nicht trösten lassen, denn es war aus mit ihnen.« Als aber Herodes gestorben war, siehe, da erschien der Engel des Herrn dem Josef im Traum in Ägypten und sprach: Steh auf, nimm das Kindlein und seine Mutter mit dir und zieh hin in das Land Israel; sie sind gestorben, die dem Kindlein nach dem Leben getrachtet haben. Da stand er auf und nahm das Kindlein und seine Mutter mit sich und kam in das Land Israel. Als er aber hörte, dass Archelaus in Judäa König war anstatt seines Vaters Herodes, fürchtete er sich, dorthin zu gehen. Und im Traum empfing er Befehl von Gott und zog ins galiläische Land und kam und wohnte in einer Stadt mit Namen Nazareth, damit erfüllt würde, was gesagt ist durch die Propheten: Er soll Nazoräer heißen. Mt 1,18–2,23

Lukas 1,26–38:
Und im sechsten Monat wurde der Engel Gabriel von Gott gesandt in eine Stadt in Galiläa, die heißt Nazareth, zu einer Jungfrau, die vertraut war einem Mann mit Namen Josef vom Hause David; und die Jungfrau hieß Maria. Und der Engel kam zu ihr hinein und sprach: Sei gegrüßt, du Begnadete! Der Herr ist mit dir! Sie aber erschrak über die Rede und dachte: Welch ein Gruß ist das? Und der Engel sprach zu ihr: Fürchte dich nicht, Maria, du hast Gnade bei Gott gefunden. Siehe, du wirst schwanger werden und einen Sohn gebären, und du sollst ihm den Namen Jesus geben. Der wird groß sein und Sohn des Höchsten genannt werden; und Gott der Herr wird ihm den Thron seines Vaters David geben, und er wird König sein über das Haus Jakob in Ewigkeit, und sein Reich wird kein Ende haben. Da sprach Maria zu dem Engel: Wie soll das zugehen, da ich doch von keinem Mann weiß?

Der Engel antwortete und sprach zu ihr: Der Heilige Geist wird über dich kommen, und die Kraft des Höchsten wird dich überschatten; darum wird auch das Heilige, das geboren wird, Gottes Sohn genannt werden. Und siehe, Elisabeth, deine Verwandte, ist auch schwanger mit einem Sohn, in ihrem Alter, und ist jetzt im sechsten Monat, von der man sagt, dass sie unfruchtbar sei. Denn bei Gott ist kein Ding unmöglich. Maria aber sprach: Siehe, ich bin des Herrn Magd; mir geschehe, wie du gesagt hast. Und der Engel schied von ihr.

Lk 1,26–38

Lukas 2,1–21:
Es begab sich aber zu der Zeit, dass ein Gebot von dem Kaiser Augustus ausging, dass alle Welt geschätzt würde. Und diese Schätzung war die allererste und geschah zur Zeit, da Quirinius Statthalter in Syrien war. Und jedermann ging, dass er sich schätzen ließe, ein jeder in seine Stadt. Da machte sich auf auch Josef aus Galiläa, aus der Stadt Nazareth, in das jüdische Land zur Stadt Davids, die da heißt Bethlehem, weil er aus dem Hause und Geschlechte Davids war, damit er sich schätzen ließe mit Maria, seinem vertrauten Weibe; die war schwanger. Und als sie dort waren, kam die Zeit, dass sie gebären sollte. Und sie gebar ihren ersten Sohn und wickelte ihn in Windeln und legte ihn in eine Krippe; denn sie hatten sonst keinen Raum in der Herberge. Und es waren Hirten in derselben Gegend auf dem Felde bei den Hürden, die hüteten des Nachts ihre Herde. Und der Engel des Herrn trat zu ihnen, und die Klarheit des Herrn leuchtete um sie; und sie fürchteten sich sehr. Und der Engel sprach zu ihnen: Fürchtet euch nicht! Siehe, ich verkündige euch große Freude, die allem Volk widerfahren wird; denn euch ist heute der Heiland geboren, welcher ist Christus, der Herr, in der Stadt Davids. Und das habt zum Zeichen: Ihr werdet finden das Kind in Windeln gewickelt und in einer Krippe liegen. Und alsbald war da bei dem Engel die Menge der himmlischen Heerscharen, die lobten Gott und sprachen: Ehre sei Gott in der Höhe und Friede auf Erden bei den Menschen seines Wohlgefallens. Und als die Engel von ihnen gen Himmel fuhren, sprachen die Hirten untereinander: Lasst uns nun gehen nach Bethlehem und die Geschichte sehen, die da geschehen ist, die uns der Herr kundgetan hat. Und sie kamen eilend und fanden beide, Maria und Josef, dazu das Kind in der Krippe liegen. Als sie es aber gesehen hatten, breiteten sie das Wort aus, das zu ihnen von die-

sem Kinde gesagt war. Und alle, vor die es kam, wunderten sich über das, was ihnen die Hirten gesagt hatten. Maria aber behielt alle diese Worte und bewegte sie in ihrem Herzen. Und die Hirten kehrten wieder um, priesen und lobten Gott für alles, was sie gehört und gesehen hatten, wie denn zu ihnen gesagt war. Und als acht Tage um waren und man das Kind beschneiden musste, gab man ihm den Namen Jesus, wie er genannt war von dem Engel, ehe er im Mutterleib empfangen war. Lk 2,1–21

Unterschiede und Gemeinsamkeiten dieser beiden Überlieferungen lassen sich zusammenfassend folgendermaßen darstellen:

	Matthäus	Lukas
Unterschiede	Zeit des Herodes	Zeit des Quirinius
		Steuerschätzung
	Engelbotschaft an Josef	Engelbotschaft an Maria
	Magier	Hirten/Engel
		Krippe/Herberge
	Sternenerscheinung *Plan des Herodes* *Flucht nach Ägypten* *Kindermord*	
	Übersiedlung nach Nazareth	Nazareth als Heimat der Familie
Gemeinsames	Geburt in Bethlehem Erwähnung Nazareths Jesus als Nachkomme Davids Geistgewirkte Empfängnis	

Palästina zur Zeit des Neuen Testaments 1. Jh. n. Chr.

Die Fragen, die sich aus dieser Übersicht ergeben, sollen im Folgenden unter fünf Brennpunkten erörtert werden.

Brennpunkt I: Bethlehem oder Nazareth?

Geboren in Bethlehem?

Beide Evangelien erwähnen die Geburt Jesu in Bethlehem, aber Lukas erklärt den Zusammenhang zwischen den Städten Nazareth und Bethlehem anders als Matthäus: Von ihrer Heimatstadt Nazareth aus kommen Josef und die bereits schwangere Maria zu einer Steuerschätzung nach Bethlehem, mit der Begründung, dass sie in die Abstammungslinie des David-Hauses gehören, die traditionell mit Bethlehem eng verbunden ist. Matthäus hingegen vermittelt den Eindruck, die Eltern Jesu seien bereits in Bethlehem wohnhaft, fliehen vor den Mordplänen des Königs Herodes nach Ägypten und lassen sich erst danach in Nazareth nieder.

Bethlehem und König David

Übereinstimmend ist die Angabe von Bethlehem als Geburtsort Jesu. Daran allein liegt ein besonderes Interesse, das beide Evangelisten aber unabhängig voneinander begründen: Für Lukas muss Jesus in Bethlehem geboren werden, weil Bethlehem die Davids-Stadt ist (vgl. 1. Sam 16,4; 17,12.15; Ps 132,6 u.a.) und Jesus als Nachkomme Davids gilt, des ersten Großkönigs Israels. Für Matthäus ist Jesus zwar auch Nachkomme Davids, aber er lässt ihn in Bethlehem geboren sein, weil sich damit eine Verheißung der Heiligen Schrift erfüllt, wie er sie im Buch des Propheten Micha (5,1) findet und in 2,6 (in etwas veränderter Form) ausdrücklich zitiert:

Und du, Bethlehem Efrata, die du klein bist unter den Städten in Juda, aus dir soll mir der kommen, der in Israel Herr sei, dessen Ausgang von Anfang und von Ewigkeit her gewesen ist.

Micha 5,1

Verheißung und Erfüllung

Allein dieses Zitat legt bereits die Vermutung nahe, dass die Herkunft Jesu aus Bethlehem bei Matthäus konstruiert ist. Wie der Stern als Zeichen des Messias, so ist auch die Stadt Bethlehem als dessen Geburtsort fest in der jüdischen Tradition verankert. Das Matthäusevangelium erzählt die Vorgeschichte Jesu insgesamt als

Erfüllung prophetischer Verheißungen: in Kapitel 1,22 geht es um Jesaja 7,14; in 2,15 beruft er sich auf Hosea 11,1; Vers 17 zitiert er Jeremia 31,15. Diese Tendenz hat ihr ausgesprochenes Ziel am Ende der Geburtsgeschichte, wenn in 2,23 jenes unbekannte Prophetenwort zur Sprache kommt, aufgrund dessen die Familie aus Ägypten nicht nach Bethlehem, sondern nach Nazareth zurückkehrt: *Er soll Nazoräer heißen.* »Nazoräer« versteht Matthäus also als Herkunftsbezeichnung Jesu: »der aus Nazareth«.

Hat Lukas Recht?

So bleibt die Frage, ob vielleicht Lukas »Recht« hat und der Geburtsort Bethlehem von ihm her zu sichern wäre. Seine Darstellung klingt zumindest »historischer«, indem er nicht ein Schriftzitat erfüllt sieht, sondern auf einen Census hinweist, eine Steuererhebung, die den Anlass gibt, dass Josef und seine Frau Maria in die Davidsstadt Bethlehem ziehen.

Exkurs: Die Steuerschätzung des Quirinius

Der Irrtum des Lukas

Lukas datiert die Geburt Jesu in die Zeit eines Census unter dem römischen Statthalter P. Sulpicius Quirinius. Quirinius wurde im Jahre 6 n. Chr. als Legat von Syrien/Palästina eingesetzt. Nach Matthäus wird Jesus noch während der Regierungszeit des jüdischen Königs Herodes geboren, der aber bereits im Jahre 4 v. Chr. gestorben ist. Doch auch Lukas erwähnt diesen Herodes; in Verbindung mit der Geburtsankündigung Johannes des Täufers (Lk 1,5). Und da die Geburt des Johannes und die Geburt Jesu zeitlich nicht weit entfernt liegen, ist es wahrscheinlich, dass Jesus vor dem Tod des Herodes oder zumindest im näheren Umfeld dieses Datums geboren wurde. Damit erweist sich die Konstruktion des Lukas mit dem Census des Quirinius als Irrtum, der in dem Interesse des Lukas an der Verbindung der Jesus-Geschichte

Münze des ersten Präfekten von Judäa 6 n. Chr.

mit der Geschichte des Imperium Romanum gründet. Ähnliches gilt übrigens auch für die Bemerkung des Lukas, der Census hätte das ganze Imperium umfasst.

Nicht Bethlehem, sondern Nazareth

Die Geburt in Bethlehem geschieht in beiden Evangelien unter einem bestimmten Interesse. Da aber beide eine enge Verbindung der Familie mit Nazareth voraussetzen, kann man vermuten, dass Jesus nicht in Bethlehem, sondern in Nazareth geboren wurde. Diese Vermutung wird mehr und mehr wahrscheinlich, wenn man andere Texte berücksichtigt, die unabhängig von den Kindheitsgeschichten über die Herkunft Jesu erzählen. Der Evangelist Markus benennt Galiläa als Heimat Jesu und Nazareth als Stadt seiner Herkunft (Mk 6,1–6). Lukas ist nach seiner Bethlehem-Nazareth-Konstruktion gezwungen, bei der Erwähnung Nazareths ausdrücklich zu betonen, dass Jesus dort »nur« **aufgewachsen** sei (Lk 4,16). Und schließlich scheint für den Autor des Johannesevangeliums, der keine Geburtsgeschichte erzählt, selbstverständlich zu sein, dass Jesus aus Nazareth stammt (Joh 1,45f.):

Philippus findet Nathanael und spricht zu ihm: Wir haben den gefunden, von dem Mose im Gesetz und die Propheten geschrieben haben, Jesus, Josefs Sohn, aus Nazareth. Und Nathanael sprach zu ihm: Was kann aus Nazareth Gutes kommen! Joh 1,45f.

Die Herkunft Jesu aus Nazareth stellt sich nach Johannes sogar als Problem dar. Der Evangelist benennt dies ausdrücklich, und verweist dabei ebenfalls auf jene Stelle in der Schrift, die Matthäus und Lukas zur Begründung der Bethlehemgeburt herangezogen hatten (Joh 7,40–43):

Einige nun aus dem Volk, die diese Worte hörten, sprachen: Dieser ist wahrhaftig der Prophet. Andere sprachen: Er ist der Christus. Wieder andere sprachen: Soll der Christus aus Galiläa kommen? Sagt nicht die Schrift: Aus dem Geschlecht Davids und aus dem Ort Bethlehem, wo David war, soll der Christus kommen? So entstand seinetwegen Zwietracht im Volk. In Vers 52 heißt es sogar: *Forsche und sieh: Aus Galiläa steht kein Prophet auf.* Joh 7,40–43

Ein Missverständnis

Diese scheinbaren Missverständnisse hätten mit dem Hinweis auf Bethlehem schnell »aus der Welt geschafft« werden können. Aber darauf kann Johannes gerade nicht hinweisen. Und wenn Jesus bei Johannes Nathanael als einen »rechten Israeliten« bezeichnet (Joh 1,47), dann billigt er gleichsam dessen Einwand: Der Christus, der Retter Israels, kann »eigentlich« nicht aus Nazareth kommen. Für Johannes ist Jesus also der Christus, **obwohl** er **aus Nazareth** stammt.

Brennpunkt II: Hirten oder Magier?

Ex oriente lux

Als Zeugen des Geburtsgeschehens lässt Lukas Hirten auftreten, während Matthäus eine sagenhafte Geschichte von reichen heidnischen Magiern erzählt. Das griechische Wort **magoi** wird von Martin Luther mit »Weise« übersetzt, obwohl dies die Bedeutung nur in einem übertragenen Sinne wiedergibt. Magoi sind – in diesem Kontext zumal – Sternenkundige (Astronomen und Astrologen zugleich), die sich mit den Himmelserscheinungen und ihren Deutungen befassten. Der Begriff magos bezeichnete ur-

Palästina und Babylonien in hellenistischer Zeit

sprünglich persische Priester, die sich auf Sterndeutungen verstanden und denen übernatürliches Wissen zugeschrieben wurde. Aus dem Persischen ist es dann in die babylonischen Vorstellungen eingegangen. Babylonien wie Persien befanden sich von Palästina aus gesehen im Osten, »im Sonnenaufgang«. Darauf basiert auch der Weisheitsspruch »ex oriente lux« – das Licht, das heißt Weisheit und Erkenntnis, kommt aus dem Osten. Solche Magoi hatten in der Antike großen Einfluss, zum Teil bis in die hohe Politik hinein. Und genau diese Funktion weist ihnen der Evangelist Matthäus in seiner Version der Geburtsgeschichte zu, wenn sie sich – wie Botschafter – an den König wenden, um von ihm über den Thronfolger Auskunft zu erhalten.

Arme und Reiche

Auch diese Unterschiede zwischen Matthäus und Lukas lassen sich nicht harmonisieren, obwohl künstlerische Darstellungen dies immer wieder tun, indem alle Beteiligten sich im Stall einfinden. Lukas legt die Betonung deutlich auf die sozial schwachen Gruppen der Gesellschaft. Wie ein roter Faden zieht sich das Gegenüber von Armen und Reichen durch das ganze Evangelium: Die Armen werden von Gott erhöht, die Mächtigen erniedrigt (Lk 1,52f.), die Armen sind diejenigen, denen das Wohlgefallen Gottes gilt (Lk 2,14). In der so genannten Feldrede, dem lukanischen Pendant zur Bergpredigt des Matthäus, werden die Armen selig gepriesen und die Reichen angegriffen (Lk 6,20–23). So kommt in der Darstellung des Lukas die frohe Botschaft vom neugeborenen Retter durch arme, unterprivilegierte Hirten zu den Menschen und erinnert daran, dass auch der Ahnherr Jesu, David, ein Hirte war, bevor er König wurde (1. Sam 16,19).

Vornehme Herren

Ganz anders Matthäus: Er lässt reiche Magier auftreten. Sie kommen einem Stern folgend aus dem Osten, aus jenem Land Babylonien, das für seine fortschrittliche Astronomie bekannt ist. Sie haben eine Himmelserscheinung gesehen, die sie als Hinweis auf einen neuen König in Israel deuten, und nun kommen sie, um dem neugeborenen König ihre Referenz zu erweisen. Für Matthäus steht also das Königtum Jesu im Vordergrund. Darauf weist der Stern als königliches Symbol der Geburt hin und dem sind auch die Geschenke der Magier – Gold, Weihrauch, Myrrhe – angemessen, allesamt Luxusartikel jener Zeit. Vor diesem Königtum

Albrecht Dürer, Die Anbetung der Könige

Jesu fürchtet sich der König Herodes und daraus resultieren schließlich seine Mordpläne.

Gold, Weihrauch, Myrrhe

Spätere Autoren, wie der christliche Gelehrte Tertullian (160–225 n. Chr.), gestalten die Szene weiter aus: Den reichen Geschenken und dem »Königskind« angemessen, werden aus den Magiern zunächst einmal Könige (vgl. Jes 60,1–6: Die Könige kommen aus Saba …; Gold und Weihrauch bringen sie; vgl. Ps 72,10f.: Die Könige von Tarsis … sollen Geschenke bringen, die Könige aus Saba und Seba sollen Gaben senden. Alle Könige sollen vor ihm [dem König Israels] niederfallen; vgl. auch 1. Kön 10,1f.: Die Königin von Saba bringt dem König Salomo Geschenke).

Abgeleitet aus der Zahl der Geschenke weiß man schließlich, dass es drei waren (so bei Origenes), und im frühen Mittelalter kennt man sogar ihre Namen: Kaspar, Melchior und Balthasar.

Literaturhinweis: Martin Hengel/Helmut Merkel, Die Magier aus dem Osten und die Flucht nach Ägypten (Mt 2) im Rahmen der antiken Religionsgeschichte und der Theologie des Matthäus, in: Paul Hoffmann (Hg.), Orientierung an Jesus, Festschrift für Joseph Schmid, Freiburg 1973, S. 139–169.

Brennpunkt III: Der Stern von Bethlehem und das Geburtsjahr Jesu

Eine faszinierende Himmelserscheinung

Während Lukas mit seiner Szenerie von den Hirten, Engeln und der Familie ein Bild entwirft, das sehr geschlossen erscheint und kaum wirkliche Interpretationsprobleme bereitet, gibt die Version des Matthäus einige Rätsel auf. Wohl kaum ein Phänomen hat Theologen wie Nichttheologen gleichermaßen fasziniert und beschäftigt wie der »Stern von Bethlehem«. Doch schon dieser Begriff führt mitten in die Kontroverse hinein, um was für ein Phänomen es sich wohl gehandelt haben könnte: um eine besondere Planetenkonstellation, einen Kometen, eine besondere Sternenerscheinung (etwa eine Supernova)? An dieser Stelle können nicht alle Möglichkeiten der Deutung ausgebreitet und bewertet werden, aber das ist – wie sich zeigen wird – auch nicht nötig. Die folgende graphische Darstellung nennt drei der bekanntesten Theorien –, mit denen dann auch jeweils eine Datierung des Geburtsjahres Jesu verbunden ist (siehe Seite 130).

Vier Theorien

Besonders beliebt auf künstlerischen Darstellungen ist die Erklärung des Sternenphänomens mit dem Kometen Halley. Aber das Erscheinen dieses Kometen liegt einerseits zeitlich zu weit entfernt von dem wahrscheinlichen Geburtsdatum Jesu, und an-

Fra Angelico,
Heilige
Drei Könige

Zeitdaten zur Geburt Jesu Christi

14–37 n. Chr.
Kaiser Tiberius

6 n. Chr.
Absetzung des Herodes Archelaos, Census des Quirinius

»0«

2 v. Chr.
Konjunktion Jupiter und Venus

4 v. Chr.
Tod des Herodes

ca. 7/6 v. Chr.
Geburt Jesu

9–6 v. Chr.
Census des Saturnius

7 v. Chr.
Konjunktion Jupiter und Saturn

12/11 v. Chr.
Komet Halley

30 v.–14 n. Chr.
Kaiser Augustus

dererseits lässt sich diese Theorie nur schwer mit dem Wortlaut des Textes vereinbaren. Die Erklärung durch die Konjunktion von Jupiter und Venus im Jahre 2 v. Chr. ist neueren Datums (vgl. Focus 49, 1996, S. 186), passt aber auch nicht zum Todestermin Herodes des Großen.

Ein frommer Astronom

Allein die dritte Theorie soll noch etwas näher erläutert werden, die deshalb so beliebt und plausibel scheint, weil sie mit den astrologischen Bedeutungen der Planeten arbeitet, die in der Antike eine Rolle spielten. Kein geringerer als der Astronom Johannes Kepler hat im Jahr 1606 diese Theorie zuerst vorgeschlagen, und zwar als eine Begleiterscheinung zur eigentlichen Deutung des Sterns von Bethlehem, den er für eine Supernova hielt (De Stella Nova, Prag 1606). Diese Vermutung geht nicht auf Berechnungen zurück, sondern auf einen Analogieschluss Keplers, ausgehend von der Beobachtung einer Supernova in seiner Zeit auf das Phänomen, das Matthäus beschreibt. Größeren Einfluss auf die Deutung des Sterns von Bethlehem hatte jedoch die von Kepler beobachtete Begleiterscheinung. Es handelt sich um die eigentümliche Konjunktion (= enges Zusammenlaufen) der Planeten **Jupiter und Saturn** im Jahre 7 v. Chr. Diese Planetenkonjunktion, die im **Sternbild der Fische** über einen längeren Zeitraum beobachtet werden konnte, war schon von babylonischen Astronomen vorausberechnet und auf einer Keilschrifttafel festgehalten worden. Sie lässt sich mit heutigen Mitteln der astronomischen Technik sehr exakt nachvollziehen. Die Konjunktion von Jupiter und Saturn findet etwa alle zwanzig Jahre statt und ist von daher nicht außergewöhnlich. Aber eine dreifache Konjunktion und noch dazu **am Ende des Tierkreises der Fische** hatte eine besondere astrologische Aussagekraft. Derartige »große Konjunktionen« ereignen sich nur in Abständen von etwa 800 bis 900 Jahren.

Johannes Kepler

Jupiter, Saturn und die Fische

Doch nicht nur die Außergewöhnlichkeit der Himmelserscheinung, sondern vor allem die astrologische Bedeutung der Himmelskörper spielt hier für den Bezug auf die Geburt Jesu eine entscheidende Rolle: Der Jupiter, benannt nach dem höchsten Gott,

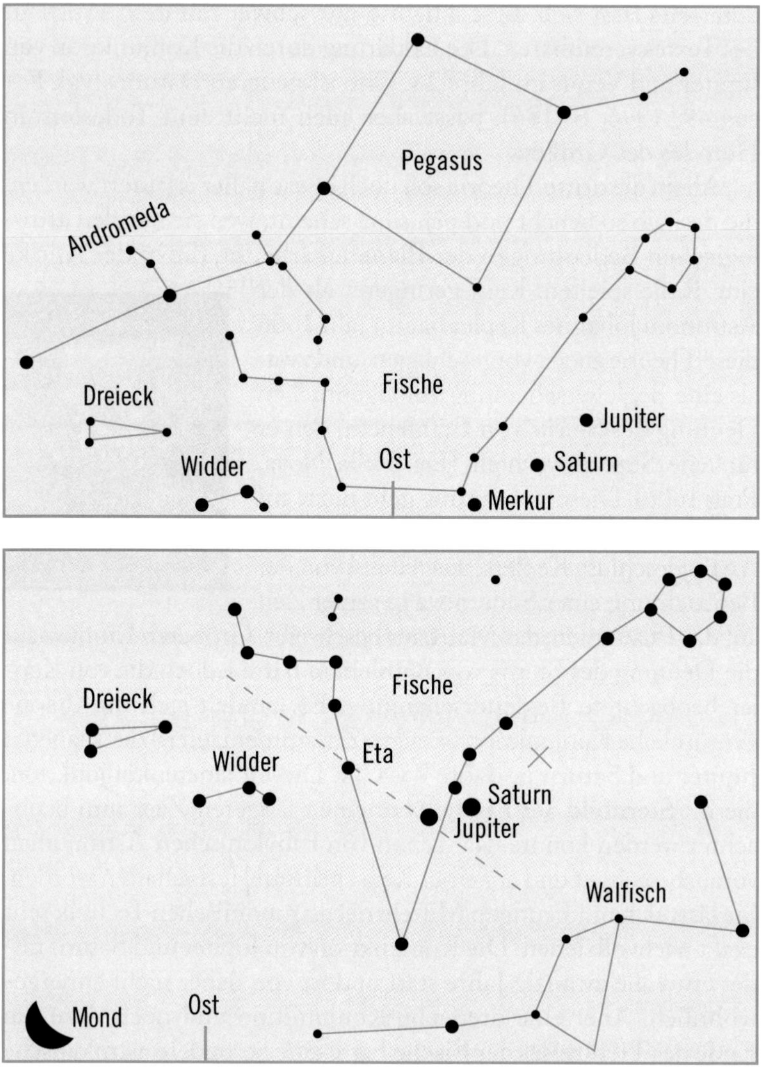

Konjunktionen von Jupiter und Saturn am 4. April 7 v.Chr. und am 19. und 20. Juli 7 v.Chr.

galt in der Antike als Königsstern, der Saturn als Stern der Juden, und schließlich war das Sternbild der Fische in der Astrologie geographisch dem so genannten »fruchtbaren Halbmond« zugeordnet, also dem Gebiet, das sich von Babylonien über Syrien bis nach Palästina erstreckt. Für die christliche Interpretation kommt hinzu, dass der Fisch als Symbol für die Christen bekannt ist (Fisch – griechisch: **ichthys** war Abkürzung für die Bezeichnung Jesu: **i/j** – Jesus; **ch** – Christus; **th** – theos [= Gott]; **y** – hyos [= Sohn]; **s** – soter [= Retter]).

Interessante Theorien und literarisches Interesse

Doch mag dies vor allem astronomische Laien faszinieren, überzeugend ist es nicht. Wie alle anderen Theorien geht auch diese an den Verstehensbedingungen vorbei, die der Text selber voraussetzt. Wie bereits gesagt, steht die Darstellung des Matthäus unter dem besonderen Interesse, Jesu königliche und göttliche Herkunft zu betonen: Als solcher ist der Text zuerst ein literarisches Produkt, das bei den Leserinnen und Lesern seiner Zeit eben das Verstehen voraussetzt, wie man eine solche Geburtserzählung lesen soll, nämlich als Geschichte über eine bedeutende Persönlichkeit, von der man glaubt, dass sie **in besonderer Weise mit Gott verbunden** ist. Und eben dieses bringt die Geschichte zum Ausdruck, sie beschreibt nicht ein »historisches« Geschehen. Die Frage, ob das Wunderbare tatsächlich so passiert ist, wie es beschrieben wurde, stellt sich dabei nicht.

Münze Herodes des Großen mit Königsstern

In der Antike gibt es zahlreiche vergleichbare »Berichte«, in denen das Motiv der Sternenerscheinung als Vorzeichen einer Geburt eine wesentliche Rolle spielt. Im Folgenden einige Beispiele aus ganz unterschiedlichen religiösen Bereichen:

Im Alten Testament, in 4. Mose 24,17–19, wird »Stern« als Metapher für einen neugeborenen Herrscher geprägt, und zwar – das ist sicher kein Zufall – ebenfalls von einem »Magier aus dem Osten« namens Bileam:

Spruch Bileams: *Ich sehe ihn, aber nicht jetzt; ich schaue ihn, aber nicht von nahem. Es wird ein Stern aus Jakob aufgehen und ein Zepter aus Israel aufkommen … Aus Jakob wird der Herrscher kommen …*

4. Mose 24, 17

König Mithradates

Aber auch in der außerbiblischen Antike künden Sternenerscheinungen vom Aufkommen neuer Herrscher, so etwa bei Geburt und Regierungsantritt des Königs von Pontos Mithradates VI. (132–63 v. Chr.):

Seine künftige Größe hatten sogar himmlische Wunderzeichen vorher verkündet. Es leuchtete nämlich sowohl in dem Jahre, da er geboren wurde, als auch in dem, da er zuerst zu regieren anfing, während des doppelten Zeitraums ein Schweifstern siebzig Tage lang so, dass der ganze Himmel aufzulodern schien. Denn nicht nur hatte er mit der Größe von sich den vierten Teil des Himmels eingenommen, sondern auch durch den von ihm ausgehenden blitzenden Schimmer den Glanz der Sonne übertroffen; und so oft er auf- und unterging, brachte er damit eine Zeit von vier Stunden zu. (Justinus, Epitome [Auszug] aus Pompeius Trogus 37,2)

Cäsar, Augustus und andere Kaiser

In seinen Kaiserbiographien weiß der antike Schriftsteller Sueton über Cäsar, Nero und Augustus ähnliche Legenden zu erzählen:

Julius Cäsar

Cäsar starb in seinem 56. Lebensjahr und wurde nicht nur durch einen offiziellen Beschluss, sondern auch der tiefsten Überzeugung des Volkes entsprechend unter die Götter erhoben. Ja, während der erstmaligen Veranstaltung der Spiele, welche für seine Aufnahme unter die Götter sein Erbe Augustus aufführen ließ, glänzte ein Komet, der etwa um die elfte Stunde aufging, sieben Tage hintereinander, und man glaubte, es sei die Seele des in den Himmel aufgenommenen Cäsar. (Sueton, Cäsar 88)

Einmal zeigte sich während mehrerer Nächte hintereinander ein Komet, was nach dem Volksglauben den Untergang der Machthaber anzeigt. Nero ängstigte sich über diese Erscheinung, und als ihn der Astrologe Balbillus belehrte, dass Könige ein solches Unglückszeichen durch die Opferung irgendeines hochstehenden Mannes zu sühnen pflegten und es so von sich auf die Häupter ihrer Großen ablenken, beschloss er die Hinrichtung der allervornehmsten Römer. (Sueton, Nero 36)

Kaiser Nero

Julius Marathus berichtet, dass wenige Monate, bevor er (sc. Augustus) geboren wurde, ein Vorzeichen in Rom öffentlich geschah, durch welches angekündigt wurde, die Natur sei schwanger mit einem König für das römische Volk. Der Senat habe darauf voller Schrecken beschlossen, dass kein in jenem Jahr geborenes Kind aufgezogen werden sollte. Die schwangere Frauen besaßen, hätten, weil jeder die Hoffnung auf sich bezog, dafür gesorgt, dass der Senatsbeschluss nicht in die Staatskasse überbracht wurde (d.h. keine Gesetzeskraft erlangte). (Sueton, Augustus 94)

Vor allem die Notizen über Nero und Augustus zeigen einige Motivparallelen mit den neutestamentlichen Geschichten über Jesus.

Aber auch in den Interpretationen des Alten Testaments im Frühjudentum dienen Himmelserscheinungen als göttliche Zeichen bei der Geburt besonderer Personen:

Abraham

Es geschah in der Nacht, da Abraham geboren wurde, dass alle Diener Therachs und alle Weisen Nimrods und alle seine Schriftgelehrten kamen, um im Hause Therachs zu essen und zu trinken und sich mit ihm in jener Nacht zu freuen. Als sie sein Haus verließen, erhoben sie in jener Nacht ihre Augen himmelwärts zu den Gestirnen; und sie sahen und siehe, ein sehr großer Stern kam vom Aufgang der Sonne [d.h. von Osten] und lief am Himmel hin und verschlang vier Sterne an den vier Seiten des Himmels. Und sie wunderten sich ob dieser Erscheinung und prüften mit Einsicht den Vorfall, um seine Bedeutung zu erkennen. Da sprachen sie einer zum anderen: Das bedeutet nichts anderes, als dass das Kind, welches in dieser Nacht dem Therach geboren worden ist und welches groß werden und sich ausbreiten wird gar sehr und die ganze Erde in Besitz nehmen wird, es selbst und seine Nachkommen bis in Ewigkeit … (Sepher ha Jaschar [Buch der Rechtschaffenen] Bl. 11a)

Kaiser Augustus

Wenn es um außergewöhnliche Himmelserscheinungen geht, dann spielen oft auch Astrologen (Magier) eine besondere Rolle, so etwa in Ciceros Darstellung über den persischen König Kyros:

König Kyros

Was soll ich erwähnen, was Magier jenem Fürsten Kyros erklärt haben aus den ›Persika‹ des Dinon (Traum über die Sonne) … Ihm hätten die Magier, die als Geschlecht der Weisen und Gelehrten gelten bei den Persern, ausgesagt … (so) werde angezeigt, dass Kyros 30 Jahre regieren werde. (Cicero [106–43 v. Chr.], De divinatione I,46)

Historische Berichte?

Auch die Erzählung über die Magier und den Stern von Bethlehem geht vom antiken Vorstellungshintergrund aus, sie will von Anfang an verstanden werden als Darstellung der Geburt und Herkunft einer hervorragenden Persönlichkeit. Besonders nahe steht dem Text des Matthäusevangeliums die Geschichte über Abraham: Auch dort ist von einem Stern die Rede, der im Osten aufgeht und am Himmel entlang zieht, von der Prüfung des Phänomens durch Sternenkundige und schließlich von der Deutung auf die Geburt eines neuen Königs.

Die besondere Geschichte des Matthäus könnte man nach all dem als eine erzählende Interpretation jener alttestamentlichen Verheißung verstehen, die im Buch des Propheten Jesaja zu finden ist und der zu Weihnachten immer auch gelesen wird (Jes 9,1):

Das Volk, das im Finstern wandelt, sieht ein großes Licht, und über denen, die da wohnen im finstern Lande, scheint es hell.

Jes 9,1

Interpretation und Bedeutung

Eine historische Fragestellung nach modernem Maßstab wäre der Sternengeschichte des Matthäus ganz unangemessen. Auf der Suche nach Motiven für seine Darstellung mag der Evangelist auf eine Tradition über eine Planetenkonjunktion gestoßen sein, die man im Jahre 7 v. Chr. beobachten konnte. Um eine solche Geschichte zu schreiben, war dies jedoch – wie die religionsgeschichtlichen Beispieltexte zeigen – nicht notwendig. Lukas hingegen weiß entweder von alledem nichts oder aber er hält andere Akzente für wesentlich, um die Bedeutung der Person Jesu nach seinem Verständnis zu vermitteln. Beiden Evangelien ist die

Annahme zu entnehmen, dass Jesus wahrscheinlich vor dem Jahr 4 v. Chr. geboren wurde, noch zu Lebzeiten Herodes des Großen, und zwar in Nazareth.

Literaturhinweise: Konradin F. D'Occhieppo, Der Stern von Bethlehem – Aus der Sicht der Astronomie beschrieben und erklärt, Frankfurt/M–Berlin 1994; August Strobel, Weltenjahr, große Konjunktion und Messiasstern, in: Aufstieg und Niedergang der Römischen Welt, Bd. II, 20,2 (1987) S. 989–1188.

Brennpunkt IV: Der Kindermord des Herodes

Bedrohung und Rettung

Die Erzählung vom Kindermord des Herodes findet sich nur im Matthäusevangelium, eng verknüpft mit der Magier-Sternen-Geschichte. Handelt es sich bei der Kindermord-Episode also wiederum um ein literarisch-symbolisches Konstrukt, eine insofern »typische« Geschichte? Das Lukasevangelium weiß von dieser Grausamkeit des Herodes nichts zu berichten.

Das Motiv des Kindermordes und der Rettung eines besonderen Kindes findet sich bereits in der alttestamentlichen Tradition über den großen Politiker, Priester, Lehrer und Propheten Israels – Mose. Von ihm wird überliefert (2. Mose 1,15–17 u. 22):

Und der König von Ägypten sprach zu den hebräischen Hebammen …: Wenn ihr den hebräischen Frauen helft und bei der Geburt seht, dass es ein Sohn ist, so tötet ihn; ist's aber eine Tochter, so lasst sie leben. Aber die Hebammen fürchteten Gott und taten nicht, wie der König von Ägypten ihnen gesagt hatte, sondern ließen die Kinder leben.

2. Mose 1,15–22

Da gebot der Pharao seinem ganzen Volk und sprach: Alle Söhne, die geboren werden, werft in den Nil, aber alle Töchter lasst leben.

Rettung des Mose als Typos

Es folgt die Erzählung von der wunderbaren Rettung des Mose-Kindes: Von seiner Mutter in einem Kästchen ausgesetzt, holt es die Tochter des Pharao aus dem Wasser, und Mose wird am Königshof aufgezogen (2. Mose 2,1–10; ähnlich erzählt es auch Josephus in den Jüdischen Altertümern II, 205–223). Und schließlich deutet Matthäus auch mit der Aufforderung zur Rückkehr aus Ägypten (Mt 2,20) auf die Mose-Tradition hin. Nach einer

Flucht des Mose aus Ägypten vor Strafverfolgung wird er von Gott zurückgeschickt mit derselben Begründung, wie sie Matthäus auf Jesus übertragen hat (2. Mose 4,19):

Auch sprach der Herr zu Mose in Midian: Geh hin und zieh wieder nach Ägypten, denn die Leute sind tot, die dir nach dem Leben trachteten. 2. Mose 4,19

Die Angst der Mächtigen

Doch nicht nur von Mose, sondern auch von anderen Persönlichkeiten des Altertums werden solche Geschichten erzählt, so etwa von dem römischen Kaiserbiographen Sueton in der Lebensbeschreibung des Augustus (Kap. 94 – s.o.), vor dessen Geburt man aufgrund eines Vorzeichens beschloss, dass alle in jenem Jahr geborenen Kinder getötet werden sollten. Ähnlich verhält es sich bei Nero (Kap. 36 – s.o.), der aus Angst vor Intrigen jene umbringen ließ, die seine Herrschaft bedrohten. In beiden Fällen geht es um die Typologie der Angst, die Herrscher vor der Bedrohung ihrer Macht durch potenzielle Nachfolger haben – ganz so, wie es bei Matthäus über Herodes geschildert wird. Die Geschichte des Matthäus läuft erneut auf ein Schriftzitat hinaus, das damit erfüllt wird (Jer 31,15; vgl. Mt 2,18):

So spricht der Herr: Man hört Klagegeschrei und bittres Weinen in Rama: Rahel weint über ihre Kinder und will sich nicht trösten lassen ..., denn es ist aus mit ihnen. Jer 31,15

Das Grab der Rahel, der Frau des Patriarchen Jakob, befand sich bemerkenswerterweise in der Nähe von Bethlehem.

Mose, Jesus und Ägypten

Matthäus verbindet mit der Geschichte vom Kindermord des Herodes, der in der christlichen Kunst immer wieder phantasievoll ins Bild gesetzt wurde, noch etwas anderes, das ihm wichtig ist, nämlich das Land Ägypten. Auch hier kommt wieder Mose ins Spiel: Im 2. Buch Mose führt die wunderbare Rettung des Mose dazu, dass er zum Führer einer Volksgruppe werden kann, die »Hebräer« genannt wurde und die in Ägypten für den Pharao als Sklaven arbeiten musste. Mose gelingt es nach langem Hin und Her, beim Pharao die Freilassung dieser Sklavengruppe zu er-

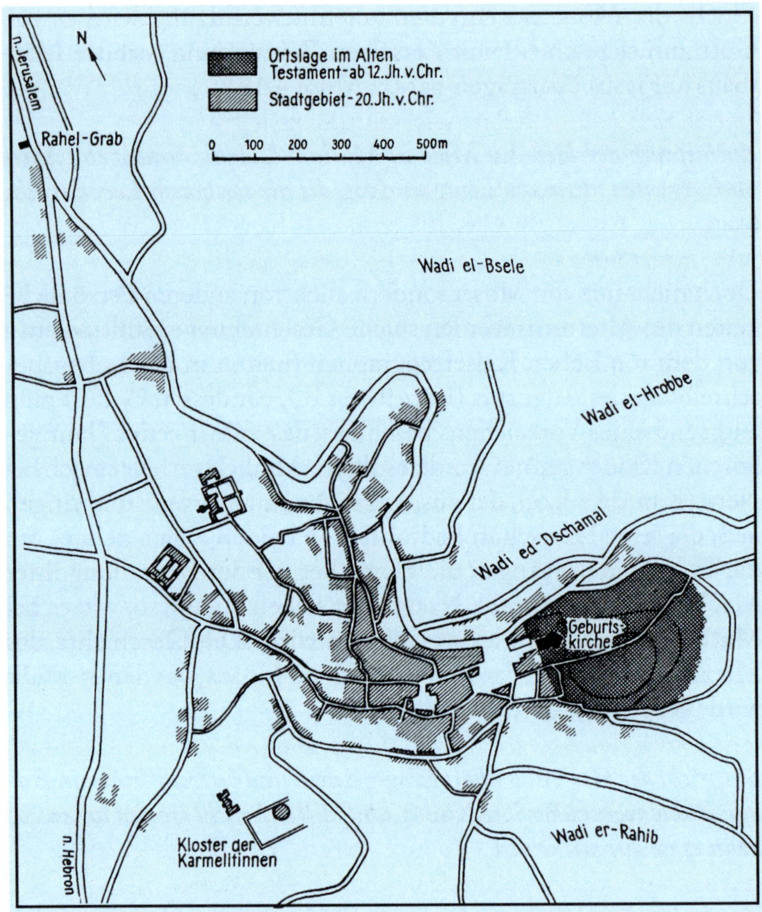

Betlehem mit Rahel-Grab

wirken und sie aus Ägypten zu führen, bis an die Grenzen des »gelobten Landes«.

Das Kommen aus der Fremde in Ägypten in das gelobte Land wird sprichwörtlich – und darauf liegt das Interesse des Matthäus, der ein entsprechendes alttestamentliches Prophetenwort (in 2,15) zitiert:

Hos 11,1

Als Israel jung war, ... rief (ich) ihn, meinen Sohn, aus Ägypten. (Hos 11,1)

»Sohn« bezieht sich beim Propheten auf Israel, in der Jesusgeschichte aber versteht Matthäus dieses Wort als eine erfüllte Gottesverheißung: Jesus musste auch nach Ägypten in die Fremde fliehen und wird von dort wieder zurückgerufen.

Geleitet durch Träume

Schließlich wird diese Tendenz noch durch ein weiteres Motiv verstärkt, das ebenfalls literarisch-symbolische Funktion hat: Gott lenkt das ganze Geschehen durch Engel (Mt 1,20; 2,13 u. 2,19) beziehungsweise Träume (2,12 u. 2,22).

Wie schreibt man eine spannende Geschichte?

Matthäus folgt also einem festen literarischen Darstellungsmuster mit traditionellen Motiven: Ankündigung der Geburt einer bedeutenden Persönlichkeit, wunderbare Natur-Erscheinung oder Träume, Deutung, Erschrecken, Bedrohung, Flucht, Rettung und gestaltet eine typische, dramatische Geschichte der Kindheit Jesu. Und wie etwa auch bei den wunderbaren Darstellungen über die beiden Kaiser Augustus oder Nero niemand ernsthaft nach der historischen Glaubwürdigkeit fragen würde, so gilt das auch für die Geschichte aus dem Leben Jesu, wie sie Matthäus erzählt.

Sie stellt den wunderbaren göttlichen Einfluss auf das Schicksal dieses Menschen seit seiner Geburt anschaulich mit den erzählerischen Motiven der Zeit dar. Plausibel bringt Matthäus bekannte Einzelheiten aus der Zeitgeschichte ein: Ägypten spielt in der Geschichte des Gottesvolkes Israel eine Schlüsselrolle; es war stets ein wichtiger Zufluchtsort für Verfolgte aus Palästina (vgl. z.B. 5. Mose 23,8; Jer 43,5–7); möglicherweise kannte er astronomische Beobachtungen zur Zeit der Geburt Jesu, die in die Herrschaftszeit König Herodes des Großen fiel, der schließlich für sprichwörtliche Grausamkeit bekannt war. Josephus berichtet von dem ständigen Misstrauen des Herodes gegenüber möglichen Konkurrenten und dessen grausamem Vorgehen selbst gegen die eigene Familie (Jüdische Altertümer XV, 39–87 u.a.) und am Ende von dessen schrecklichen Tod (Jüdischer Krieg I, 656–658). Der Kaiser Augustus persönlich soll das bekannte Wortspiel geprägt haben: Er wolle lieber des Herodes' Schwein sein (griechisch: **hys** – Schweine hatten von Herodes als Juden nichts zu befürchten) als sein Sohn (**hyos**). Zu einem solchen Menschen passt auch eine Geschichte, wie Matthäus sie erzählt.

Das Schwein des Herodes

Der »Kindermord des Herodes«, nicht unplausibel geschildert, erzählt folglich kein »historisches« Ereignis. Es handelt sich vielmehr um die anschauliche Geschichte eines Schriftstellers, der sich zeitgeschichtlicher Kenntnisse zu bedienen weiß. Ihr »Wahrheitsgehalt« aber ist auf einer anderen Ebene als der historischen zu suchen. Und in diesem Sinne ist es keineswegs anachronistisch oder gar falsch, wenn man bis heute den 28. Dezember zur Erinnerung an das Schicksal der getöteten Kinder als Gedenktag der unschuldigen Kinder begeht.

Brennpunkt V: Die sogenannte Jungfrauengeburt

Jungfräuliche Empfängnis

Obwohl die Geburtsgeschichten des Matthäus und des Lukas grundverschieden sind, stimmen sie doch in einem entscheidenden Punkt überein: Sie gehen beide von einer jungfräulichen Empfängnis der Maria aus. Für das Verstehen der Weihnachtsbotschaft ist diese Aussage wohl die problematischste – aus heutiger Sicht.

Wahr oder falsch?

Ähnlich wie im Blick auf die Osterbotschaft besteht das Problem der heutigen Sichtweise vor allem darin, dass man nur in Alternativen denken kann: Auf der einen Seite wird behauptet, man müsse an dem wörtlichen, und das bedeutet hier: am biologischen Sinn der Aussage festhalten. Die Alternative dazu ist, diese Haltung (zu Recht) als naturwissenschaftlich unhaltbar anzusehen und deshalb die Aussagen der neutestamentlichen Texte überhaupt für irrelevant zu halten.

Biologie kontra Symbolik

Beide Auffassungen gehen freilich von der falschen Voraussetzung aus, die neutestamentlichen Autoren hätten ihre Aussagen über die Jungfräulichkeit der Maria bei der Empfängnis Jesu im **biologischen** Sinne verstanden wissen wollen. Diese Sichtweise hat schon frühe Wurzeln und führt notwendigerweise zu falschen Konsequenzen: Entweder fundamentalistisch gegen alle Vernunft daran festzuhalten, weil es eben in der Bibel so steht, oder aber es aus vernünftigen Gründen als absurd hinzustellen. Doch sind beide Auffassungen den Texten und vor allem den Aussagen der Autoren und ihren Entstehungsbedingungen unangemessen.

Auch hier gilt: Die Texte müssen in ihrem Selbstanspruch wahrgenommen werden, als Zeugnisse eines Glaubens, der versucht, mit den literarischen Mitteln seiner Zeit die Bedeutung der Person Jesu für den Glauben und das Leben der Menschen zu vermitteln. Der theologische Gestaltungswille der neutestamentlichen Autoren wurde bereits an anderen Stellen deutlich, er spielt auch hier eine wesentliche Rolle.

Vor der Entfaltung dieses Gestaltungswillens hinsichtlich der Jungfrauengeburt müssen einige Voraussetzungen für das Verstehen zusammengefasst werden.

Joseph und Maria

Erstens: In Matthäus 1,19 wird erwähnt, dass Josef die Maria verlassen wollte, um sie nicht in Schande zu bringen. Lukas bietet eine solche Überlegung des Josef nicht. Manche deuten dies als Hinweis darauf, Jesus sei unehelich gezeugt worden. Aber bei Matthäus hat diese Bemerkung eine rein literarische Funktion, nämlich den Traum Josefs und die Erklärung des Engels einzuleiten. Möglicherweise handelt es sich um die abwehrende Reaktion auf einen Vorwurf gegen die Herkunft Jesu, der von jüdischer Seite gegen die Christen erhoben wurde. Ähnliches erwähnt Matthäus auch im Blick auf das leere Grab in der Ostergeschichte: Man setzte das Gerücht in Umlauf, der Leichnam Christi sei gestohlen (Mt 28,12–15).

Exkurs: Jesus – Sohn des Panthera?

Maria – Opfer von Gewalt?

Bereits im Kapitel über Ostern ist ein Neutestamentler mit provozierenden Thesen zur Auferweckung Jesu erwähnt worden. Auch zur Frage nach dem Vater Jesu hat Gerd Lüdemann eine alte Tradition wieder in die Diskussion eingebracht, mit der er aufzeigen will, dass die Darstellungen der Evangelien nicht der historischen Wahrheit entsprechen, sie bewusst verfälschen(!) und also – so seine Konsequenz – nicht glaubwürdig seien. Wie bereits deutlich gesagt wurde, ist die historische Frage nicht der Maßstab, an dem die Texte zu messen sind. Ihre primäre Aussagerichtung war, auf anschauliche, erzählerische Weise Gottes Wirken an dem Menschen Jesus von Nazareth zu vermitteln. Damit wäre eigentlich dem Vorwurf Lüdemanns bereits die Grundlage entzogen, aber die Problematik seiner Argumentation soll dennoch an den Texten gezeigt werden, auf die er sich bezieht.

Böswillige Vertuschung

Lüdemann meint, die These von der Jungfrauengeburt sollte die tatsächlichen Geburtsumstände vertuschen. Danach, so Lüdemann, sei Jesus aus einer außerehelichen Beziehung der Maria mit einem römischen Soldaten namens Panthera hervorgegangen. Dieser Vorwurf scheint von einer jüdischen Tradition herzukommen, die sogar Lüdemann ausdrücklich nicht heranziehen will – aus gutem Grund, wie sich zeigen wird. Doch man muss diese abwegige Überlieferung zur Kenntnis nehmen, um Lüdemanns Argumente zu verstehen. Die Herkunft Jesu aus einer außerehelichen Beziehung scheint im babylonischen Talmud tatsächlich belegt zu sein, wenn auch erst in einer späteren Überlieferung (Traktat Sanhedrin [Oberster Gerichtshof] 67a; Schabbath 104b). Dort wird – so die Interpretation – die Empfängnis Jesu auf den erwähnten Ehebruch der Maria zurückgeführt. Dass der »Erzeuger« Jesu ein Heide (Römer) war, steigert die Anrüchigkeit der Angelegenheit aus jüdischer Sicht enorm und lässt bereits vermuten, es sei vielleicht doch nicht mehr als ein Gerücht. Der Text lautet:

So verfuhr man auch mit dem Sohne Satedas in Lud, und man henkte ihn am Vorabend des Pesahfestes. – Wieso Sohn Satedas, er war ja der Sohn Panderas!? Rabbi Hisda erwiderte: Der Gatte [seiner Mutter] hieß Sateda, ihr Buhle hieß Pandera. – Ihr Gatte war ja Papos ben Jehuda!? – Vielmehr, seine Mutter hieß Sateda. – Seine Mutter war ja Mirjam die Frauenhaarflechterin!? (babylonischer Talmud, Traktat Sanhedrin 67a).

b Sanh 67a

Wer ist wer?

Dieser Text erweckt den Eindruck, dass keiner der Streitenden zu wissen scheint, wie die Dinge wirklich liegen. Doch abgesehen davon nennt er keines der notwendigen Details: Weder der Name Jesu erscheint hier, noch der Name des Josef, sondern lediglich der Name Mirjam (= Maria). Mirjam/Maria aber war ein so verbreiteter Name, dass allein aus ihm **nichts** abgeleitet werden kann. Auch über die Identität des Pandera, des außerehelichen Liebhabers dieser Mirjam, ist nichts zu entnehmen. Als römischer Soldat wird er nicht bezeichnet. Das kann man erst in den Text hineinlesen, wenn man den hebräischen Namen **Sateda** als Lehnwort aus dem Lateinischen versteht und als **stratiota** (= Soldat) liest. »Der Sohn des Sateda« hieße dann: »Der Sohn des Soldaten« – aber das ist reine Spekulation. Aus diesen Gründen muss selbst Lüdemann diesen Text als Beleg für seine Behauptung ablehnen. Bliebe allein die scheinbar unstrittige Feststellung, jener Sohn Satedas sei am »Vorabend des Pesahfestes« hingerichtet worden. Darin könnte man eine Verbindung zur Kreuzigung Jesu an einem Passafest sehen. Aber Hinrichtungen an solchen Festen waren nicht so selten, dass diese Schlußfolgerung zwingend wäre, zumal nichts tatsächlich auf Jesus von Nazareth hinweist. Im übrigen – wie jede Leserin und jeder Leser sofort bemerkt – ist der Text derart konfus, weil die Diskutierenden sich nicht einmal einigen können, wer nun eigentlich Sateda heißt: der Liebhaber, der Mann der Mirjam oder sogar die Mirjam selbst.

Origines, Kelsos und ein jüdischer »Zeuge«

Aussagekräftiger für Lüdemann ist ein anderer Text eines christlichen Autors des 2./3. Jahrhunderts, Origenes (gest. um 251 n. Chr.). Origenes zitiert in einer Streitschrift gegen einen ausgesprochenen Christenfeind namens Celsus die Auffassung eines Mannes, der sich seinerseits auf einen jüdischen Gewährsmann beruft:

Hierauf läßt Celsus einen Juden auftreten, der sich mit Jesus selbst unterredet und ihn, wie er meint, wegen vieler Dinge zur Rechenschaft zieht. Zuerst wirft er ihm vor, »dass er sich fälschlich als den Sohn einer Jungfrau ausgegeben habe«, er schmäht ihn aber auch, »dass er aus einem jüdischen Dorf und von einer einheimischen armen Handarbeiterin stamme«. Er sagt dann, »diese sei von ihrem Mann, der seines Zeichens Zimmermann gewesen, verstoßen worden, als des Ehebruchs schuldig«. Weiter bringt er vor, »von ihrem Manne verstoßen und unstet und ehrlos herumirrend, hätte sie den Jesus heimlich geboren. Dieser habe aus Armut sich nach Ägypten als Tagelöhner verdungen und dort sich an einigen Zauberkräften versucht, auf die die Ägypter stolz seien; er sei denn auch zurückgekehrt und habe sich viel auf diese Kräfte eingebildet und sich ihretwegen öffentlich als Gott erklärt« ... Doch wir wollen uns nun wieder zu den Worten zurückwenden, die Celsus den Juden sagen lässt, zu der Behauptung nämlich, »die Mutter sei von

Papyrus 45

dem Zimmermann, mit dem sie verlobt war, verstoßen worden, weil sie des Ehebruchs überführt worden sei und von einem Soldaten namens Panthera geboren habe«. Wir wollen sehen, ob nicht die Fabeldichter ins Blinde hinein »den Ehebruch der Jungfrau mit Panthera« und »die Vertreibung durch den Zimmermann«, dies alles erfunden haben, um so die wunderbare Empfängnis vom Heiligen Geist zu beseitigen. (Origenes, Gegen Celsus I, 28.32)

Zweifelhafte Informationen

Es handelt sich hierbei – das sei vorweg festgestellt – ausdrücklich um »Information« aus dritter oder sogar vierter Hand, denn worauf der jüdische Zeuge seine Aussage stützt, bleibt dunkel. Wahrscheinlich gehen diese Gerüchte auf die zuvor zitierte Talmud-Tradition zurück. Der mehrfach polemische Kontext begründet die Vermutung eines üblen Gerüchtes zum Zwecke der

Denunziation. Unter diesem polemischen Vorzeichen ist ein historischer Wert, den Lüdemann diesen Aussagen beimisst, nicht auszumachen. Um das zu sehen, muss man nicht einmal auf jene sprachliche Konstruktion zurückgreifen, mit der man diese Polemik entkräften wollte. Man nahm an, der Name **Panthera** sei aus dem griechischen Wort für Jungfrau (**parthenos**) gebildet oder vielmehr entstellt worden. Aber die Unglaubwürdigkeit der Polemik ist auch ohne dieses Argument ausreichend deutlich. Deshalb hat Lüdemann ein weiteres Indiz in die Waagschale geworfen, nämlich die Bezeichnung Jesu als »Zimmermann, Marias Sohn« in Markus 6,3. Das habe – so Lüdemann zu Recht – zumindest einen zweifelhaften Unterton von Schändlichkeit, denn man benannte eine »ordentliche« Herkunft nach dem Namen des Vaters. Bei Jesus aber habe man den Namen des Vaters deshalb nicht genannt, weil »kein Zweifel darüber besteht, wer sein wirklicher Vater ist« (Lüdemann) – eben jener Panthera, von dem Maria vergewaltigt worden sei. Aber das ist reine Spekulation, die voraussetzt, was zu beweisen ist und dann beweist, was vorausgesetzt wurde. Der ursprüngliche Text bei Markus lautete wahrscheinlich: »Sohn des Zimmermanns und der Maria« – so jedenfalls in der alten Fassung des Papyrus 45. Matthäus hat wohl in seiner Markus-Vorlage auch schon diesen Text gelesen (Mt 13,55); für eine nachträgliche Änderung bestand für ihn gerade kein Anlass, da er ja die Jungfrauengeburt an den Anfang setzt. Möglicherweise unter dem Einfluss der später aufkommenden Geburtsgeschichten hat man dann den alten Text des Markusevangeliums geändert; für einen christlichen Leser beziehungsweise für eine christliche Leserin ist die Wendung »Marias Sohn« spätestens dann nicht mehr »anrüchig«, wenn er Geschichten über die göttliche Herkunft Jesu kennt. Wenn daher Lüdemann feststellt: »Die Aussage, Jesus sei vom Geist gezeugt und von einer Jungfrau geboren, ist eine Verfälschung historischer Gegebenheiten«, dann ist damit die Vermittlungsabsicht der Evangelientexte vollständig missverstanden. Ihnen ging es weder positiv noch negativ um eine **historische** – und das meint bei Lüdemann auch: eine biologische – Aussage. Lüdemann ist an dieser Stelle nicht bereit zu verstehen, was typisierende und interpretierende Erzählweise bedeutet und

Panthera – Parthenos

Sohn des Zimmermanns oder Sohn der Maria

Biologie und historische Wahrheit

wie durch sie den Menschen der Zeit Aussagen über die Wirklichkeit erschlossen wurden, deren Wahrheitsgehalt sich nicht in der »Richtigkeit« einzelner historischer Fakten erschöpft, sondern das Leben umfassend prägen kann. Das bedeutet nicht, dass Lüdemanns Kritik am späteren Missbrauch der Aussage von der Jungfrauengeburt nicht berechtigt wäre – das Gegenteil ist der Fall. Denn auch der Missbrauch geht von einem realistisch-biologischen Verständnis der Texte aus, das ihnen wesensfremd ist. Wenn ein missverstandenes Marienbild – ob unbewusst oder vorsätzlich sei dahingestellt – eine Moral hervorbringt, die zur Unterdrückung von Frauen benutzt wird, dann kann das aber nur sinnvoll und überzeugend kritisiert werden, wenn man das Verstehen der Texte konstruktiv fördert und nicht destruktiv verhindert.

Keine Verfälschung

Was also Lüdemann hier als historischen Hintergrund der Jungfrauengeschichte der Evangelien meint entdeckt zu haben (die These stammt im übrigen aus der Forschung des 19. Jahrhunderts!), hat keine Grundlage. Ähnlich wie die dogmatische Beharrung auf der Historizität der jungfräulichen Empfängnis (einschließlich der biologischen Unversehrtheit der Maria) setzt sie einen historischen Hintergrund voraus, der keinem der Autoren vor Augen stand. Von einer »Verfälschung« kann deshalb keine Rede sein, und auch für die Vertuschung einer zweifelhaften Beziehung der Maria bestand kein Anlass.

Literaturhinweis: Gerd Lüdemann, Jungfrauengeburt? Die wirkliche Geschichte von Maria und ihrem Sohn Jesus, Stuttgart 1997.

Doch zurück zu den Verstehensvoraussetzungen:

Problemlösung: Stammbaum?

Zweitens: Sowohl Matthäus als auch Lukas versuchen in unterschiedlicher Weise, die Abstammung Jesu aus dem Davids-Geschlecht durch einen Stammbaum nachzuweisen. Beide Stammbäume lassen aber am Ende ein Problem erkennen: Josef stammt aus der davidischen Linie (Mt 1,20; Lk 3,23), und wenn auch Jesus Davidide sein sollte (vgl. Röm 1,3: »geboren aus dem Geschlecht Davids«), musste er legitimer Sohn Josefs sein. Das aber steht wiederum in deutlicher Spannung zu dem Interesse, Jesu Zeugung als von Gottes Geist gewirkt zu verstehen. Aus diesem

Grunde erscheint die Notiz aus dem Stammbaum über die Geburt Jesu bei beiden Autoren wie eine umständliche Hilfskonstruktion:

Matthäus formuliert (1,16):
Jakob zeugte Josef, den ***Mann*** *der Maria, von der geboren ist Jesus, der da heißt Christus.* Mt 1,16

Lukas schreibt (3,23):
Und Jesus war, als er auftrat, etwa dreißig Jahre alt und ***wurde gehalten für einen Sohn Josefs,*** *der war ein Sohn Elis …* Lk 3,23

Beide Evangelisten mussten von der geläufigen Formulierung der Genealogie abweichen, um eine geistgewirkte Empfängnis auszusagen.

Drittens: Texte aus allen vier neutestamentlichen Evangelien legen die Schlussfolgerung nahe, dass Menschen aus der nächsten Umgebung Jesu nichts von ungewöhnlichen Geburtsumständen wussten (Mt 13,55f.; vgl. Mk 6,3 in der ursprünglichen Fassung):

Ist er nicht der Sohn des Zimmermanns? Heißt nicht seine Mutter Maria? Und seine Brüder Jakobus und Josef und Simon und Judas? Und seine Schwestern, sind sie nicht alle bei uns? Woher kommt ihm denn das alles? Mt 13,55f.

Deutlicher noch in Lukas 4,22:
Und sie gaben alle Zeugnis von ihm und wunderten sich, dass solche Worte der Gnade aus seinem Munde kamen, und sprachen: Ist das nicht Josefs ***Sohn?*** Lk 4,22

Und schließlich Johannes 6,42:
Ist dieser nicht ***Jesus, Josefs Sohn, dessen Vater und Mutter wir kennen?*** *Wieso spricht er dann: Ich bin vom Himmel gekommen?* Joh 6,42

Keiner dieser Texte weist darauf hin, dass Jesu Geburt und Herkunft außergewöhnlich gewesen wären. Damit stehen sie – vor allem bei Matthäus und Lukas – in Spannung zur wunderbaren Geschichte seiner göttlichen Geburt.

Geboren von einer Frau

Viertens: Der theologisch für die Anfangszeit des Christentums prägende Theologe Paulus, von dem die ältesten schriftlichen Zeugnisse der christlichen Tradition stammen, erwähnt keine wunderbare Geburt Jesu. Er schreibt in seinem Brief an die Gemeinden von Galatien (Gal 4,4):

Gal 4,4

Als aber die Zeit erfüllt war, sandte Gott seinen Sohn, geboren von einer Frau und unter das Gesetz getan …

Ein Nachkomme Davids

Die Vokabel, die Paulus in seiner griechischen Sprache gebraucht, legt sogar nahe, dass er hier eine **verheiratete** Frau (griechisch: **gynä**) meint, keinesfalls eine »Jungfrau« (**parthenos**). Im Römerbrief (1,3*) spricht er von Jesus als Nachkommen Davids (»aus der Nachkommenschaft Davids«, griechisch: **ek spermatos(!) david**), der erst durch die Auferweckung zum Sohn Gottes eingesetzt wurde. Paulus kann einerseits von Jesus als dem Sohn Gottes reden, andererseits davon ausgehen, dass er wie jeder andere Mensch gezeugt und von einer Frau geboren wurde. Das rechte Verstehen der Bedeutung Jesu für den Glauben ist also durchaus möglich, ohne eine göttliche Zeugung im biologischen Sinne annehmen zu müssen.

Die Auffassung vom göttlichen Ursprung Jesu liegt auf einer anderen Ebene und hat keine historischen Gründe. Für die Herausbildung des christlichen Glaubens galt das Schicksal Jesu in seinem Tod und seiner Auferweckung als das Entscheidende, nicht seine Herkunft. Deshalb hat auch im Markusevangelium die Geburt Jesu keine theologische Bedeutung. Das Interesse, die Herkunft Jesu im göttlichen Handeln zu verankern, ist sekundär und entspricht späteren Tendenzen der Vervollständigung dieser »heiligen Biographie«.

Eine alte Verheißung

Weshalb erzählen dann aber Matthäus und Lukas von einer »Jungfrauengeburt«? Matthäus zitiert – wie so oft – einen alttestamentlichen Text, den auch Lukas implizit voraussetzt (Jes 7,14; vgl. Mt 1,13):

Siehe, eine Jungfrau ist schwanger und wird einen Sohn gebären, den wird sie nennen Immanuel.

Jes 7,14

Das Phänomen Sprache: eine griechische Übersetzung

Mit der Geburt Jesu erfüllte sich das Prophetenwort. Matthäus und Lukas lasen diesen Text in der griechischen Übersetzung des Alten Testaments, nicht in der hebräischen Urfassung. Im hebräischen Text ist zunächst neutral von einer »jungen Frau« die Rede: »eine junge Frau (hebräisch: **alma**) wird schwanger werden ...« – das ist im Grunde noch nichts Besonderes. Obwohl das hebräische Wort **alma** bedeutungsoffen ist, wird hier wohl kaum eine »Jungfrau« gemeint sein, denn dafür hätte ein besonderes Wort zur Verfügung gestanden (**betula**). Erst die griechische Übersetzung macht aus dem unbestimmten einen bestimmten Begriff, indem sie »junge Frau« mit »Jungfrau« (**parthenos**) übersetzt. Immerhin hätte im Griechischen ein unbestimmteres Wort zur Verfügung gestanden (**neanis**), das von anderen Übersetzern auch verwendet wird. So gibt bereits die **griechische** Übersetzung des Alten Testaments eine Interpretation vor, auf die Matthäus und Lukas zurückgreifen können. Der **hebräische** Text von Jesaja 7,14 wäre dafür nicht geeignet gewesen.

Exkurs: Luthers »Schulden«

Dogmatik in der Enge

Wie sehr diese unterschiedlichen Textüberlieferungen ein Problem für die Dogmatik der Kirche waren, zeigt eine Anekdote, die von dem Kirchenreformator Martin Luther überliefert ist. Luther hat in seiner oft drastischen und dann meist nicht unproblematischen Art auf diese zugegebenermaßen etwas komplizierten Zusammenhänge reagiert: Er wolle »den Juden« hundert Gulden zahlen, wenn in Jesaja 7,14 tatsächlich nur die »junge Frau« statt »Jungfrau« gemeint sei. Der Züricher Neutestamentler Ulrich Luz bemerkt dazu in seinem Kommentar zum Matthäusevangelium lapidar: »Er ist sie schuldig.«

Gewissheit des Glaubens

Für die neutestamentlichen Autoren jedoch bietet die griechische Übersetzung der alttestamentlichen Aussage literarisch und theologisch (nicht: historisch!) die Möglichkeit, eine Glaubensaussa-

Lucas Cranach, Martin Luther

ge zu formulieren: Gott war in seinem Heilshandeln nicht nur in Tod und Auferweckung Jesu am Werk, sondern bereits bei seinem Werden im Mutterleib. Er hatte ihn von Anfang an für eine besondere Aufgabe bestimmt und eröffnete auf diese Weise den Menschen einen Weg zum Heil. Das wird dann auch ausdrücklich formuliert (Mt 1,21): *Er wird sein Volk retten von ihren Sünden* – beziehungsweise (Lk 1,32): *Der wird groß sein und Sohn des Höchsten genannt werden.*

Wenn diese Zusammenhänge deutlich sind, dann kann man noch einen Schritt weitergehen. Denn diese Glaubensaussage ist in ihrem zeitgenössischen religiösen Kontext keineswegs so ungewöhnlich, wie sie Menschen heute vorkommt. Sowohl in der jüdisch-hellenistischen Überlieferung als auch in der Antike allgemein gibt es zahlreiche Texte, die von der wunderbaren göttlichen Zeugung beziehungsweise Geburt wichtiger Persönlichkeiten zu erzählen wissen. Es beginnt wiederum im Alten Testament, wo im Psalm 2,7 die göttliche Zeugung des Gottessohnes ausgesagt wird:

Ein bekanntes Muster

Kundtun will ich den Ratschluss des Herrn. Er hat zu mir gesagt: »Du bist mein Sohn, heute habe ich dich gezeugt«.

Ps 2,7

Gemeint ist hier der König, dessen Inthronisation als göttliche Zeugung gilt. Das steht in einem weiten Horizont altorientalischer Königsideologie. »Von Gott gezeugt sein« ist also deutlich **metaphorische** Redeweise. Ein anschauliches Beispiel dafür bietet ein Text aus dem alten Ägypten über die Herkunft des Königs Amenophis von Theben. Er gilt als gezeugt von dem Gott Amun-Re (ägyptischer Text, 3. Jt. v. Chr.):

Königs-ideologie

Es spricht die Königsmutter Mut-em-Uja vor der Majestät dieses herrlichen Gottes, des Herrn von Karnak: »Wie groß ist doch deine Macht! Wie vollkommen ist deine … Wie verborgen sind deine Pläne, die du durchführst! …« Da sprach Amu-Re, der Herr von Karnak, vor ihrer Majestät: »Amenophis, Herrscher von Theben, ist der Name dieses Kindes, das ich in deinen Leib gegeben habe … Er wird dies wohltätige Königtum in diesem Lande ausüben …«

Amu-Re

Aus dieser so geprägten ägyptischen Welt – wenn auch aus einer sehr viel späteren Zeit – stammt ein Text des jüdischen Schriftstellers und Philosophen Philo von Alexandrien (15 v.–50 n. Chr.). Er schreibt über die Väter Israels (Philo von Alexandrien, De Cherubim [Über die Flügelwesen] 44–48):

Philo von Alexandrien

Dieser nun (Gott) sät, aber geschenkt wird die je eigene Frucht, die er gesät hat. Denn Gott bringt nichts für sich selbst zur Geburt, weil er kei-

Der Ursprung der Väter

Zeugung
des Pharao
durch den Gott
Amun,
3. Jt. v. Chr.

ner Sache bedarf, sondern alles für den, der es zu empfangen nötig hat. Ich will als geeigneten Bürgen für das, was ich gesagt habe, den hochheiligen Mose präsentieren. Denn die Sara führt er dann als schwanger ein, als Gott auf sie schaut, da sie allein ist … Deutlicher aber lehrt er es bei Lea, indem er sagt, dass Gott ihren Mutterschoß geöffnet hat. Den Mutterschoß zu öffnen aber ist dem Mann zueigen. Die empfangen hat, hat aber nicht für Gott geboren … Sondern (sie hat) dem Jakob (geboren), der die Mühe auf sich nahm für das Gute. So empfängt die Tugend vom Urheber die göttlichen Samen, sie gebiert aber einem ihrer Liebhaber … Wiederum wird, nachdem der sehr weise Isaak Gott angefleht hat, von dem her, der angefleht wurde, Rebekka … schwanger. Ohne Flehen und Bitten aber nimmt Mose die Sepphora … und findet sie schwanger, überhaupt von keinem Sterblichen …

Auch hier werden die Geburtsumstände in der Vätergeneration Israels auf die Wirkungen und das Eingreifen Gottes zurückgeführt und auf diese Weise die alttestamentlichen Texte weiterführend im Kontext hellenistischer Vorstellungen gedeutet.

Platon

Als letztes Beispiel sei auf den bekannten Philosophen Platon (427–347 v. Chr.) hingewiesen, dessen Zeugung dem Gott Apollo zugeschrieben wird. Nachdem bereits der Stammbaum der Mutter und des Vaters Platons auf den Gott Poseidon zurückgeführt wurden, schreibt der Philosophenbiograph Diogenes Laertius (Vita Platonis 2):

Seusipp in seinem bekannten Leichenschmaus Platons – wie das Buch betitelt ist – und Klearch in seiner Lobschrift auf Platon, und Anaxilides im zweiten Buche von den Philosophen berichten, es sei in Athen die Rede gegangen, Ariston habe der in voller Schönheit blühenden Pe-

riktione Gewalt antun wollen, ohne seinen Willen durchzusetzen; und als er sich beschied, sei ihm Apollon erschienen, woraufhin er sie unberührt gelassen habe bis zur Niederkunft.

Historische Wirklichkeit kontra Glaubenswirklichkeit?

Angesichts dieser biblischen und außerbiblischen Überlieferungen von übertragen verstandenen, symbolischen Aussagen über die Zeugung bedeutender Persönlichkeiten durch eine Gottheit ist auch im Blick auf die neutestamentlichen Texte über die Zeugung Jesu durch Gottes Geist eine Frage nach der **historischen** Wirklichkeit dem Zeugnis der Texte unangemessen. Die typische Symbolik der Aussage erweist sich nicht zuletzt dadurch, dass hier gerade nicht ausdrücklich von der Zeugung **durch Gott** die Rede ist, sondern von einer durch den Geist vermittelten. Während nämlich das Wort »Gott« im Griechischen (wie im Deutschen) maskulin ist, ist das Wort »Geist« (griechisch: **pneuma**) neutrisch, im Hebräischen sogar weiblich (**ruach**). Ein wörtliches Verstehen würde also – wenn man es genau nimmt – bereits an der Grammatik scheitern.

Der Geist ist weiblich

Die Autoren intendieren mit ihrer Darstellung des Ursprunges Jesu nicht, dass diese Erzählungen als historische Dokumentation oder gar als Beschreibung biologischer Vorgänge oder Zustände zu verstehen seien. All das sind Missverständnisse und Interpretationen, die die kirchliche Dogmatik eingetragen hat. Die Evangelisten des Neuen Testaments jedoch kleiden »nur« eine Glaubensbotschaft in ein typisches erzählerisches Gewand und verwenden dafür Vorstellungen und Motive, die in ihrem Kulturkreis als Darstellungsmittel für solche Zwecke zur Verfügung standen.

Freilich soll damit **nicht** gesagt sein, dass sie von diesen religionsgeschichtlichen Parallelen **abhängig** sind. Diese Parallelen machen aber **das religiöse Milieu** anschaulich, in welchem solche Geschichten verstanden werden konnten. Selbstverständlich setzten die Evangelisten ihre je eigenen Akzente, ihnen ging es um Jesus von Nazareth als dem **Messias**. Aber sie konnten sich aufgrund der religiösen Vorstellungswelt gewiss sein, dass ihre Leserinnen und Leser nicht ein **historisches** oder **biologisches** Interesse an diesen Erzählungen haben würden, sondern es als

Ausdruck der Bemühung um ein tieferes Verstehen der Christusbotschaft auffassten.

Biologisches Missverständnis

Erst spätere kirchliche Dogmatik wollte die Darstellungen der Evangelisten in einem biologischen Sinne verstanden wissen, weil man meinte, dass das Gesagte nur dann für den Glauben bedeutsam sei, wenn es wörtlich, das heißt an dieser Stelle: biologisch verstanden würde. In welchen unvernünftigen Sog von Dogmen man auf diesem Weg gerät, zeigt besonders die Entwicklung der Marienlehre der katholischen Tradition. Danach sei nicht erst Jesus, sondern auch seine Mutter Maria »jungfräulich« empfangen worden; und nach der Geburt Jesu sei Maria bis zu ihrer »Himmelfahrt« Jungfrau geblieben.

Lücken in der Überlieferung

Bei den Geburtsgeschichten des Matthäus- und des Lukasevangeliums handelt es sich um eine theologische Projektion des Glaubens an den Gott, der Jesus von den Toten auferweckt und dadurch als Messias und Gottessohn eingesetzt hat (vgl. Röm 1,3–7), in die Lebenszeit des irdischen Jesus hinein. Man erzählte so von der Wirksamkeit Gottes bereits bei und vor seiner Geburt. Das relativ späte Interesse an einer fixierten Erzählung des Lebens Jesu machte es zunehmend notwendig, auch etwas über seine Herkunft zu sagen. Die frühen Traditionen überlieferten darüber wenig. Sie gehen wie selbstverständlich davon aus – und haben nicht die geringsten Probleme damit (!) –, dass Jesus wie jeder andere Mensch geboren wurde, als Sohn des Handwerkers Josef und seiner Frau Maria. Wer nur an der »Historie« interessiert ist, muss sich daran halten. Wollte man mehr sagen, musste und konnte man damals auf literarisches »Anschauungsmaterial« zurückgreifen. Deshalb ergänzte man die »Lücken« der Überlieferung dem eigenen Glauben entsprechend.

Versucht man, die Texte in ihrem Selbstanspruch ernst zu nehmen, dann erschließen sie sich als Glaubenszeugnisse, deren Gehalt viel tiefer geht als jede historische oder gar biologische Perspektive.

Exkurs: Was haben »Ochs und Esel« an der Krippe zu suchen?

Ein tiefsinniges Kuriosum

Im ersten Teil dieses Abschnittes über das Weihnachtsfest war von künstlerischen Darstellungen und Interpretationen die Rede. Wer solche kennt, wird sich gewundert haben, warum bisher kein Wort zu den Tieren an der Krippe verloren wurde. Wenn man die gängigen Krippen-Darstellungen zu Weihnachten vor Augen hat und dann die Texte der Weihnachtsgeschichten liest oder hört, dann fragt man sich zu Recht, wo denn die Tiere eigentlich herkommen. In den Texten der Evangelien jedenfalls werden sie nicht erwähnt.

Federico Barocchi, Christi Geburt

Aber sie sind nicht »modernes Beiwerk« zur idyllischen Ausgestaltung der Szene. Wie so manches uns vertraute Motiv biblischer Geschichten stammen die Tiere aus so genannten apokryphen Evangelien, Texten also, die »im Verborgenen« (= apokryph) entstanden und nicht in den Kanon der neutestamentlichen Schriften aufgenommen wurden. In ihnen setzt sich eine Tendenz fort, die bereits in den neutestamentlichen Evangelien beginnt, nämlich die legendenhafte Ausgestaltung mit unterschiedlichen Motiven. So heißt es im so genannten Pseudo-Matthäusevangelium (etwa 8./9. Jh.), dessen besonderes Anliegen die Preisung der Maria als Königin der Jungfrauen ist (Pseudo-Mt 14):

Verborgene Schriften

Am dritten Tage nach der Geburt unseres Herrn Jesus Christus trat die seligste Maria aus der Höhle, ging in einen Stall hinein und legte ihren Knaben in eine Krippe, und Ochs und Esel beteten ihn an. Es erfüllte sich, was durch den Propheten Jesaja verkündet ist, der sagt: »Der Ochse kennt seinen Besitzer und der Esel die Krippe seines Herrn.« (Jes 1,3) So beteten sogar die Tiere, Ochs und Esel, ihn ständig an, während sie ihn zwischen sich hatten. Da erfüllte sich, was durch den Propheten Habakuk verkündet ist, der sagt: »Zwischen zwei Tieren wirst du erkannt.« (Hab 3,2) Josef blieb am gleichen Ort mit Maria drei Tage.

Pseudo-Matthäus

Ähnlich wie im kanonischen Matthäusevangelium werden auch hier alttestamentliche Motive als realistische Ausgestaltung in die Geburtsgeschichte eingetragen. Auf diese Weise kommen Ochs und Esel an die Krippe.

In der Fortsetzung geht der Text des Pseudo-Matthäus noch weiter, indem er während der Flucht nach Ägypten weitere Tiere zur Anbetung kommen lässt (Pseudo-Mt 19):

Gleichermaßen beteten Löwen und Leoparden ihn an und begleiteten sie in der Wüste ... Die Löwen aber gingen zusammen mit ihnen einher mit den Ochsen und Eseln und mit den Packtieren, die ihnen das Notwendige trugen, und sie fügten keinem ein Leid zu, obgleich sie (mit ihnen) zusammenblieben. Vielmehr waren sie zahm unter Schafen und Böcken, die sie mit aus Judäa hergeführt und bei sich hatten. Unter Wölfen wandelten sie einher, ohne etwas zu befürchten, und kei-

Löwen, Wölfe und Lämmer

nes wurde von dem andern verletzt. Da erfüllte sich, was durch den Propheten gesagt ist: »Die Wölfe weiden mit den Lämmern; Löwe und Ochse fressen Stroh zusammen«. (Jes 11,3)

und natürlich: Schafe

Eine Tierart, die sich in den Krippendarstellungen wie selbstverständlich findet, aber in keinem der neutestamentlichen Texte erwähnt wird, sind die Schafe. Die Anwesenheit von Schafen ergibt sich freilich durch die Hirten des Lukasevangeliums. Obwohl Lukas nicht sagt, die Hirten hätten Schafe mitgebracht, lässt sich dies aber zur Ausgestaltung der Szene leicht herleiten. Haben schon die neutestamentlichen Evangelienberichte mit historischer Wirklichkeit nicht viel zu tun, so gilt dies erst recht für diese phantasievollen und legendenhaften Züge.

Das Anliegen der Weihnachtsbotschaft

Ein langer Weg: vom Tod bis zur Geburt

Matthäus und Lukas erzählen auf ihre je eigene Weise und mit den erzählerischen und literarischen Mitteln ihrer Zeit, wie das Bekenntnis zum Gottessohn Jesus bereits in der Geschichte des irdischen Jesus verwurzelt ist. Während die älteren Traditionen die Gottessohnschaft Jesu erst durch seine Auferweckung durch Gott begründet sahen, verankern die späteren Traditionen dies mehr und mehr im Leben Jesu selbst. Der Apostel Paulus rezipiert wie selbstverständlich eine ältere Überlieferung im Römerbrief (1,3–7), die von der Einsetzung Jesu zum Gottessohn in Verbindung mit seiner Auferweckung spricht.

Das blieb das Entscheidende, natürlich auch für diejenigen, die später Anlass sahen, das Leben Jesu in einer speziellen biographischen Weise zu erzählen. So geht der älteste Evangelist, Markus, bereits einen Schritt weiter, indem er die Erwählung Jesu zum Gottessohn mit dessen Taufe durch Johannes den Täufer verbindet und dadurch bereits den Anfang des öffentlichen Wirkens Jesu geprägt sieht. Matthäus und Lukas nun führen auch darüber hinaus, denn sie verknüpfen den Beginn der Gottessohnschaft mit der Geburt Jesu: Schon bei seiner Geburt war Gott am Werk und hat Jesus eine besondere Aufgabe zur Vermittlung seiner heilvollen Absichten im Blick auf die Menschen zugedacht:

Siehe, du wirst schwanger werden und einen Sohn gebären, ***und du sollst ihm den Namen Jesus geben. Der wird groß sein und Sohn des Höchsten genannt werden;*** *und Gott der Herr wird ihm den Thron seines Vaters David geben, und er wird König sein über das Haus Jakob in Ewigkeit, und sein Reich wird kein Ende haben.* Lk 1,31–33

So formuliert Lukas die Botschaft des Engels an Maria (Lk 1,31–33); und Matthäus lässt – ebenfalls durch einen Engel – Josef wissen (Mt 1,21):

Und sie wird einen Sohn gebären, ***dem sollst du den Namen Jesus geben, denn er wird sein Volk retten von ihren Sünden.*** Mt 1,21

Der Anfang aller Dinge

Und schließlich zeigt ein Ausblick auf das vierte Evangelium des Neuen Testaments, das Johannesevangelium, dass die Entwicklung in dieser Richtung noch weiter ging: Johannes kannte wahrscheinlich das Markusevangelium und das Lukasevangelium. Aber im Nachdenken über den Ursprung Jesu lässt Johannes die ausführliche Geburtsgeschichte des Lukas aus, um sie durch eine andere zu ersetzen. Für ihn liegt der göttliche Ursprung Jesu nicht erst in dessen besonderer Geburt begründet, sondern schon viel früher, sozusagen zeitlos am Anfang aller Dinge, noch vor der Schöpfung der Welt – ausgedrückt in einem Text (Joh 1,1–16), der nicht erst durch Goethes Faust zu weltliterarischem Ruhm gekommen ist:

Im Anfang war das Wort

Im Anfang war das Wort, und das Wort war bei Gott, und Gott war das Wort. Dasselbe war im Anfang bei Gott. Alle Dinge sind durch dasselbe gemacht, und ohne dasselbe ist nichts gemacht, was gemacht ist. In ihm war das Leben, und das Leben war das Licht der Menschen. Und das Licht scheint in der Finsternis, und die Finsternis hat's nicht ergriffen … Er kam in sein Eigentum; und die Seinen nahmen ihn nicht auf. Wie viele ihn aber aufnahmen, denen gab er Macht, Gottes Kinder zu werden, denen, die an seinen Namen glauben, die nicht aus dem

Blut noch aus dem Willen des Fleisches noch aus dem Willen eines Mannes, sondern von Gott geboren sind. Und das Wort ward Fleisch und wohnte unter uns, und wir sahen seine Herrlichkeit, eine Herrlichkeit als des eingeborenen Sohnes vom Vater, voller Gnade und Wahrheit … Und von seiner Fülle haben wir alle genommen Gnade um Gnade.

Joh 1,1–16

Es geht letztlich also darum zu verstehen, warum Jesus »Licht der Welt« ist (Johannes), warum durch ihn Vergebung der Sünden von Gott her möglich wird (Matthäus) und warum er »Sohn des Höchsten« (Lukas) genannt werden kann. Alle Evangelien behandeln die theologische Interpretation des Ursprunges Jesu nicht isoliert. Sie kann grundsätzlich nicht für sich genommen zum Inhalt des Glaubens werden, sondern sie muss stets auf Tod und Auferweckung Jesu bezogen bleiben. Das ist auch ein grundlegendes Darstellungsprinzip aller vier Evangelien des Neuen Testaments, denn sie alle schlagen – auf ihre je eigene Weise – einen Bogen des Verstehens vom Anfang bis zum Ende. Darin äußert sich die Einsicht, dass das Leben und Sterben Jesu nur aus der Perspektive der Auferweckung durch Gott eine bleibende Bedeutung für die Menschen hat, die versuchen, ihr eigenes Leben vor Gott zu verstehen und es für die Menschen und mit den Menschen in rechter Weise zu leben. In dieser umfassenden Perspektive erst macht das Weihnachtsfest deutlich, was der Satz bedeutet, der dem Johannesevangelium entlehnt ist und zum Weihnachtsfest überall zu hören ist: »Gott wurde Mensch«, ein Satz übrigens, der so nirgends im Neuen Testament steht, aber die Bedeutung der Geburt Jesu angemessen »auf den Punkt« bringt.

»Gott wurde Mensch«

Man muss daher vor einer weltfernen Dogmatik warnen, die diesen Satz so auffasst, als habe sich Gott quasi in einen Menschen »verwandelt« und zu dieser Verwandlung habe es einer jungfräulichen Empfängnis bedurft. Darin zeigt sich ein beschränktes Verständnis dessen, was Wirklichkeit ist. Die Wirklichkeit der Texte liegt in ihrer erzählerischen Einladung, sich Gottes Heilsangebot zu nähern, das in der Person des Jesus von Nazareth Gestalt gewonnen hat. Anderenfalls würde aus Jesus ein unmenschlicher Gott, an den zu glauben, auf den zu vertrauen in der Tat schwer fallen würde. »Gott wurde Mensch« bedeutet daher: Got-

Gottes Menschlichkeit gegen weltferne Dogmen

tes lebenschaffendes Wort, das die Welt geschaffen hat, das jedes Menschen Ursprung ist und von dem sich die Menschen weit entfremdet haben, kehrt in der Person eines Menschen zu ihnen zurück, in der Person Jesu und in Gestalt seines Rufes zur Umkehr und zu neuem Vertrauen auf den Schöpfer. Dafür ist Jesus mit seinem Leben eingetreten und nach **menschlichem Maß** gemessen am Kreuz gescheitert. Nach der Botschaft des Neuen Testaments ist aber nicht **er**, sondern es sind **die Menschen** gescheitert, die bewiesen haben, dass sie Gottes heilschaffende Nähe nicht bei sich haben wollen.

Menschenmaß und Schöpfergott

Mit der Botschaft von der Auferweckung wird schließlich das neue Vertrauen auf Gott formuliert: Das Kreuz steht nicht als endgültiges Zeichen für die Verlassenheit des Menschen von Gott, sondern wird zu einem Heilszeichen für diejenigen, die sich in ein neues Leben rufen lassen. Weihnachten ist also nicht ohne Ostern »zu haben«, und wer die Botschaft von Weihnachten verstehen und angemessen feiern will, muss – wie die Evangelisten – den großen Bogen vom Ursprung bis zum Ende dieses Menschen Jesus schlagen.

Licht in der Finsternis

Symbolisch gesehen kann so der Weg aus dem dunklen Stall zu einem neuen Licht führen, nämlich dem Licht, in dem man sein eigenes Leben vom Anfang bis zum Ende neu zu sehen beginnt. Daher sind die Kerzen und Lichter zu Weihnachten, deren symbolischen Gehalt niemand bestreiten würde, Zeichen dafür, dass Gott dem Menschen nicht fern ist und das Licht seines Heilsangebotes in der Finsternis aufstrahlen lässt.

Zeittafel zum Neuen Testament

Römische Kaiser	Palästina	Jesus und Christengemeinden
30 v.–14 n. Augustus	4 v. Tod des Herodes Nachfolger seine Söhne, Gebiet wird aufgeteilt	um 7 v. Geburt Jesu
14–37 Tiberius	6 n. Judäa unter röm. Prokuratur	um 28 Johannes der Täufer
	26–36 Pontius Pilatus, Präfekt	um 30 Tod Jesu
37–41 Caligula	37–44 Herodes Agrippa I. König in Palästina	um 33 Bekehrung des Paulus
41–54 Claudius		
	52–60 Antonius Felix Prokurator in Judäa und Samarien	48/49 Aposteltreffen
54–68 Nero		48–60 Missionsreisen des Paulus und Briefe
		64 Christenverfolgung in Rom
	66 jüdischer Aufstand	um 64 Tod des Paulus
	66–69 Kämpfe gegen die römischen Truppen	
69–79 Vespasian		
	70 Belagerung und Zerstörung Jerusalems und des Tempels durch Titus	um 65–100 Entstehung der Evangelien und der übrigen neutestamentlichen Briefe
79–81 Titus		
81–96 Domitian		93–96 Christenverfolgung im ganzen Römischen Reich
96–98 Nerva		
	100 jüd. Synode in Jamnia (Kanon der Hebräischen Bibel)	

Abbildungsnachweis:

S. 6 »DER SPIEGEL« (Titel) Nr. 21, 1999,
mit freundlicher Genehmigung des Verlages

S. 20 Karte von Tempelberg und Ölberg
(nach G. Kroll, Auf den Spuren Jesu, Leipzig 1973, S. 381)

S. 24 Grundriss des Tempels von Jerusalem
(nach G. Kroll, Auf den Spuren Jesu, Leipzig 1973, S. 169)

S. 35 Gethsemane am Ölberg
(G. Kroll, Auf den Spuren Jesu, Leipzig 1973, S. 411)

S. 44 Überreste des Gekreuzigten von Giv'at ha-Mivtar
(nach G. Kroll, Auf den Spuren Jesu, Leipzig 1973, S. 457)

S. 50 Albrecht Dürer, Christus am Kreuz
(Heinrich Wölfflin, Die Kunst Albrecht Dürers,
F. Bruckmann A.G., München 1926, S. 84)

S. 52 Felsengrab
(G. Kroll, Auf den Spuren Jesu, Leipzig 1973, S. 467)

S. 60 Bekehrung des Paulus
(Frühchristliche und byzantinische Kunst,
Stuttgart/Zürich 1991, S. 109)

S. 74 Albrecht Dürer, Christi Himmelfahrt
(J. Meder, Dürer-Katalog. Ein Handbuch über Albrecht Dürers
Stiche, Radierungen, Holzschnitte, deren Zustände, Ausgaben
und Wasserzeichen, Wien 1932, Seite 159)

S. 75 Münze des Kaisers Claudius
(Lexikon der Antike, Leipzig 1990, Tafel 50/4)

S. 94 Himmelfahrtsmoschee am Ölberg
(G. Kroll, Auf den Spuren Jesu, Leipzig 1973, S. 537)

S. 94 Jerusalem zur Zeit Jesu
(nach: B. Pixner/R. Riesner, Wege des Messias und Städten
der Urkirche, Giessen/Basel 1996, S. 220)

S. 97 Die Gabe der Tora am Sinai
(P. Lenhardt/P. von der Osten-Sacken, Rabbi Akiva,
Berlin 1987, S. 145)

Brennpunkt: Die Bibel

Diese neue Reihe der EHBG will Menschen ansprechen, denen die Bibel bisher wenig geläufig ist. Sie wendet sich an Pädagogen, Medienleute, Künstler, Politiker, Führungskräfte in Wirtschaft und Kultur, Wissenschaftler und alle nachdenklichen Zeitgenossen, denen dieses Buch der Weltkultur wichtig ist.

Band 1

Gottes unbekanntes Buch

Ein Wegweiser durch die Bibel

Das neue Konzept zur Vermittlung von Bibelkunde – hervorgegangen aus Bibelkursen für Interessierte ohne biblisch-kirchliche Tradition. Weil ohne ein Mindestmaß an Kenntnis der Bibel unsere europäische Kultur mit ihren Wertvorstellungen nicht verstanden werden kann.
Autorinnen und Autoren: Petra Birke, Raimund Hoenen, Päivi Luttenberger, Walter Martin Rehahn, Franziska Riebesel, Ute Rührdanz, Wolfgang Triebler, Peter Welten
In **Übersichten** wird ein Einblick in den Aufbau und den Inhalt der Bibel gegeben.
In **Brennpunkten** werden aktuelle Themen exemplarisch vertieft.
In **Beigaben** wird der Wegweiser durch Worterklärungen, Zeittafeln und Landkarten ergänzt.
Collagen von Matthias Zágon Hohl-Stein geben Denkanstöße.
Redaktion: Dorrit Fischer

ISBN 3-7461-0137-9

Band 2

Stimmen

Erfahrungen von Menschen um die Jahrtausendwende

Prominente Zeitgenossen aus dem In- und Ausland, Männer und Frauen, äußern sich in Originalbeiträgen zur Bibel: Carola von Braun, Jürgen Fliege, Reinhard Höppner, Walter Jens, Anneliese Kaminski, Hanna-Renate Laurien, Dietrich Mendt, Andreas Nachama, Gisela Oechelhaeuser, Paul Oestreicher, Johannes Rau, Dorothee Sölle, Manfred Stolpe und andere
Herausgeber: Joachim Rogge und Wolfgang Triebler
Lektorin: Gisela Donath

ISBN 3-7461-0136-0

Band 3

Wirkungen

Der Umgang mit der Bibel im Wandel der Zeiten

Originalbeiträge von Christoph Demke, Reinhard Dithmar, Hildegard Führ, Gunther Helbig, Reinhard Höppner, Wolfgang Huber, Walter Jens, Elisabeth Moltmann-Wendel, Helmut Obst, Mitri Raheb, Hermann Rauhe, Karl-Heinz Ronecker, Albrecht Schönherr, Karl-Heinz Wyss und anderen.
Herausgeber: Joachim Rogge und Wolfgang Triebler
Lektorin: Gisela Donath

ISBN 3-7461-0138-7

In Vorbereitung:

Band 5
Karl-Wolfgang Tröger

Die Bibel im Koran

Erscheint voraussichtlich im Herbst 2000

ISBN 3-7461-0147-6

Jeder Band 19,80 DM

Zu beziehen im Buchhandel oder direkt bei der
Evangelischen Haupt-Bibelgesellschaft und von Cansteinschen Bibelanstalt